TRANSPARENT

Band 7

W0188804

V&R

Dr. Glenn T. Koppel, geb. 1942, ist klinischer Psychologe und Psychothera-peut; am Klinikum der Universität Heidelberg betreut er die Intensivsta-tion der Kinderklinik. Daneben ist er Lehrbeauftragter an der University of Maryland, European Division.

Glenn T. Koppel

Wochenendlektüre:
Basiswissen Psychotherapie

Mit 3 Abbildungen

Vandenhoeck & Ruprecht
Göttingen · Zürich

Die Deutsche Bibliothek – CIP Einheitsaufnahme

Koppel, Glenn T.:
Wochenendlektüre: Basiswissen Psychotherapie / Glenn T. Koppel. –
Göttingen ; Zürich : Vandenhoeck und Ruprecht, 1994
(Transparent ; Bd. 7)
ISBN 3-525-01703-0
NE: GT

Umschlaggestaltung: Rudolf Stöbener

Umschlagabbildung:
Hans Gottfried von Stockhausen,
Zwischen Himmel und Erde, 1969,
Überfangglas, Blei, 50×70 cm (Ausschnitt)

Printed in Germany
Schrift: Palatino
Druck und Bindung: Hubert & Co., Göttingen
Gedruckt auf chlor- und säurefreiem Papier

Inhalt

Danksagung

Mein Dank geht an:

Heidi Ludwig, die den Ansporn für dieses seit langem geplante Projekt gegeben hat und in vielerlei Hinsichten weitergeholfen hat;

Gabriele Indineamao für ihr kritisches Feedback und die liebevolle Unterstützung sowie für die erste sprachliche Korrektur;

Helmut Henk, der sich mit Hingabe für die sprachliche Überarbeitung des Buches eingesetzt hat. Ihm danke ich auch für die fruchtbaren Diskussionen;

Margret Gesche für die Verbesserungen beim Durchlesen des Manuskripts sowie für den Spaß und die Freude, die sie dabei empfunden hat;

Harald Rumig, der vielseitig unterstützend gewirkt hat, nicht zuletzt mit wertvollen kritischen Kommentaren;

Sybille Gräff für weitere Verbesserungsvorschläge und ermutigende Hinweise.

Ich möchte mich ferner bei den vielen Studenten bedanken, die mir auf verschiedenste Weise gezeigt haben, daß dieses Buch geschrieben werden mußte und wie der Inhalt gestaltet werden sollte. Ich glaube, wir haben stets voneinander gelernt.

Den Firmen NEC Deutschland GmbH, München, und OCR Datensysteme GmbH, Mannheim, möchte ich für großzügige Unterstützung danken.

Einführung

Wer braucht »so etwas« – eine Psychotherapie?

Irgendwann im Leben gerät jeder einmal in eine Situation, in der die persönlichen Probleme so schwierig oder bedrohlich werden, daß er sie nicht mehr aus eigener Kraft lösen kann. Groben Schätzungen zufolge befinden sich (wenn auch nur vorübergehend) alljährlich etwa 10 Prozent der Bevölkerung in einer solchen Krisensituation, in der sie vielleicht sogar professionelle Hilfe benötigen, um ihre Probleme zu lösen. Zeitpunkt, Dauer und Häufigkeit solcher Situationen sind von Mensch zu Mensch verschieden, doch irgendwann sind wir alle betroffen. Jeder hat solche Krisen, Sie, Du, ich, auch Nachbarn, Verwandte, Freunde, Arbeitskollegen. Während die einen gerade eine Lösung für ihr Problem finden, geraten andere gleichzeitig in eine Krise.

Wegen vorübergehender emotionaler oder psychischer Störungen muß man sich also vor anderen nicht schämen, denn sie haben ebenso ihre Probleme, auch wenn sie nicht darüber sprechen. Es ist ähnlich wie mit Blähungen: jeder hat sie gelegentlich, aber keiner spricht darüber.

Viele Menschen haben einfach Angst davor, für »blöd« oder »verrückt« gehalten zu werden, falls andere von ihren seelischen Problemen erfahren.

Hilfe kann natürlich aus den verschiedensten Richtungen und in den verschiedensten Formen kommen. Man kann sich auch selbst Hilfe holen, beispielsweise aus dem Familien- oder Freundeskreis.

Es ist besser, zu erkennen, daß man ein Problem hat und Hilfe braucht, als so zu tun, als ob alles in Ordnung wäre. Es gibt Leute, die darauf warten, daß jemand ihre Not erkennt und auf sie zukommt. Das kann lange dauern, und die Hilfe kann dann zu spät kommen.

In jeder Gesellschaft gibt es Menschen, die es zu ihrem Beruf gemacht haben, anderen zu helfen. Medizinmänner und Schamanen haben die dafür entsprechende Ausbildung und Qualifikation, die von ihrer jeweiligen Kultur bestimmt werden. In unserem Kulturkreis sind vor allem Lehrer, Geistliche, Ärzte und Apotheker, aber auch Psychologen und Sozialarbeiter Anlaufstellen für Hilfesuchende.

Im Grunde könnte jeder Laie auf seine Art und entsprechend seinen Möglichkeiten Hilfe geben.[1] Jede Art von Hilfe ist eine Therapie im weitesten Sinn. Dabei sollten wir uns hüten, vorschnell zu beurteilen, wer die bessere Hilfe leistet. Es kommt auf das Problem, den kulturellen Hintergrund und die Beteiligten selbst an.

Wenn jemand eine besondere Lebenssituation nicht allein bewältigen kann, dürfen wir daraus nicht voreilig schließen, daß diese Person »krank« ist. Es bedeutet lediglich, daß er sich in einer Situation befindet, die er mit seinen vertrauten Bewältigungsmethoden nicht in den Griff bekommt. Ist es nicht »normal«, gelegentlich eine Krankheit, zum Beispiel eine »Erkältung«, zu haben oder gelegentlich eine »Krisensituation« durchzumachen?

Lebenskrisen wurden früher zum großen Teil in intakten Familien aufgefangen und bearbeitet. Da diese immer seltener werden, müssen sich die Menschen ihre Hilfe häufig außerhalb der Familie suchen, beispielsweise im Freundes- oder Bekanntenkreis. Beneidenswert ist, wer einen Freund hat, mit dem er sich so gut versteht, daß er mit ihm alle seine Probleme teilen kann. Solche Freunde sind nicht leicht zu finden, weil viele Menschen Angst haben, offen und ehrlich miteinander umzugehen.

Manche Menschen wollen lieber professionelle Hilfe in Anspruch nehmen, um ihre Probleme bearbeiten zu kön-

---

1 Auch Tiere können Menschen Unterstützung bieten, wie jeder bestätigen kann, der ein enges Verhältnis zu einem Tier hat.

nen. Nicht alle Hilfsangebote reichen für spezielle Probleme aus, und nicht jedes Angebot ist wirklich eine Hilfe. Ein Gespür dafür, welche Hilfe einem »gut tut«, welche einen weiterbringt und was man lieber lassen sollte, bekommt man (hoffentlich) spätestens im Laufe einer Psychotherapie.

Einige Vorbemerkungen zur Psychotherapie

In der Praxis sind Therapeuten untereinander sehr unterschiedlicher Meinung. Das liegt an den sehr unterschiedlichen Konzepten und Theorien und an den unterschiedlichen Vorstellungen über die grundlegende Natur des Menschen.[2]

Für viele – sogar für Therapeuten – ist Psychotherapie ein Mysterium. Solange die Patienten nicht verstehen, worum es dabei geht, solange sie Psychotherapeuten als Magier oder Gurus betrachten, besteht die Gefahr, daß sie von Therapeuten abhängig werden.

Ähnliches gilt auch für andere Institutionen, zum Beispiel die Kirche oder den Ärztestand. Kritiker der Kirche sagen, daß die Messe deswegen früher in Latein gehalten wurde, damit nur einige wenige verstehen konnten, was und warum es gesagt wird. Warum benutzen Ärzte so viele lateinische und griechische Begriffe, wenn sie mit ihren Patienten reden?

Therapie hat mit Änderungen zu tun, und Änderungen sind für Menschen fast immer mit Furcht und Ängsten verbunden. Psychotherapie ist eine Herausforderung. Wir sind unsere alten Verhaltens- und Denkweisen gewohnt. Dies gibt uns Vertrauen und Gewißheit, daß die Dinge so sind, wie sie sind, daß Ordnung in der Welt besteht. Man

---

2 Es gibt auch Psychotherapeuten, die sich auf Tiere spezialisiert haben.

hält sich an das Bekannte und Vertraute, auch dann noch, wenn es beunruhigt und Schaden für uns und für andere um uns herum oder für unsere Zukunft bringen könnte. Es ist paradox, aber Veränderungen, auch positive, werden zunächst Angst verursachen, und zwar solange, bis die vollzogenen Änderungen Gewohnheit geworden sind und die Stabilität wiederhergestellt ist.

Warum sind Änderungen notwendig? Welche Rolle spielt der Therapeut? Woher wissen wir, was geändert werden muß? Wie ändern wir es, und welche Ergebnisse wird es bringen? Behandelt der Therapeut, heilt er, hilft er, oder leitet er an? Worin besteht der Unterschied zwischen Patient und Klient?

Die Antworten auf diese und ähnliche Fragen sind von der spezifischen Ausbildung des Therapeuten, also von seiner theoretischen Orientierung, abhängig. Es gibt wenig definitive Antworten. Schon das allein ist beunruhigend. Im allgemeinen lernen Psychologen und andere Psychotherapeuten, mit solchen Unklarheiten umzugehen. Die Fähigkeit, Mehrdeutigkeiten zu tolerieren, ist eine Voraussetzung für Menschen, die auf diesem Gebiet tätig sind. Menschen haben die Neigung, Gewißheit haben zu wollen, um sicher zu sein. Es ist beschwerlich, als Antwort auf eine Frage ein »Vielleicht«, »Möglich«, »Es-kommt-darauf-an« oder »Jein« zu erhalten. Man will ein klares »Ja« oder »Nein«, auch wenn dies nicht immer möglich ist.

Die Einstellungen der Therapeuten sind auch von den Institutionen abhängig, in denen sie arbeiten. Dort besteht meistens eine bestimmte theoretische Orientierung. Darüber hinaus wird ein Psychologe beeinflußt und geprägt von den Eigenschaften seiner Patienten. Ein Psychologe in einer gerontologischen Abteilung entwickelt eine andere Vorstellung davon, was »normal« ist, als ein Gefängnis- oder ein Kinderpsychologe.

Auch der »Zeitgeist« spielt eine Rolle bei den Antworten darauf, wer in der Psychotherapie was, wie, wo und wann durchführen darf. In der Psychotherapie wie auch in anderen Wissenschaftsdisziplinen gibt es Modeerscheinungen. Was in diesem Jahr aktuell ist, kann im nächsten Jahr schon »out« sein und umgekehrt.

Psychotherapie ist eine sehr persönliche Erfahrung. Auch wenn es viele Gemeinsamkeiten zwischen den einzelnen Therapien gibt, so ist doch jede Therapie eine einzigartige Erfahrung für die Beteiligten, weil beide Seiten (Patient oder Klient und Therapeut) in ihrer Persönlichkeit, ihren Problemen, ihrer Lebensgeschichte wie auch in ihren Fähigkeiten einzigartige Individuen sind.

Welche Therapie ist »die richtige«?

Helm Stierlin, Deutschlands großer Familientherapeut, wies schon 1975 auf über 140 verschiedene anerkannte Psychotherapien mit rund 4000 unterschiedlichen psychotherapeutischen Techniken hin, die allein in den USA angewandt wurden. Im Grunde gibt es keine Grenzen für die Anzahl der verfügbaren Techniken in der Psychotherapie. Die möglichen Grenzen liegen nur in der Vorstellungskraft und der Kreativität des Therapeuten. Deswegen wird es auch immer neue Therapieformen geben.

Bei einem Herrenausstatter fiel mir neulich eine »Schirmtherapie« ein. Ich nahm einen Regenschirm und spannte ihn auf. Ich fühlte mich wirklich »abgeschirmt« und geschützt. Ich stellte mir vor, wie sicher und ruhig sich auch andere Leute unter dem Schirm fühlen würden. Es war erholsam. In einer Therapiesitzung hätte ich einen Klienten warten lassen, bis er sich wieder sicher fühlt. Anschließend kann er den Schirm wieder zuklappen.

Eine andere Variante wäre gewesen, Angst vor engen Räumen (Klaustrophobie) dadurch zu behandeln, daß der Phobiker sich so lange unter den Schirm begibt, bis die Angst allmählich vergangen ist. (Das nennt man in der Verhaltenstherapie »Reizüberflutung« beziehungsweise »Flooding«. Dazu ab S. 97 mehr.)

Damit habe ich gleich zwei neue Therapietechniken erdacht. Irgendeinem Patienten könnte sicherlich durch eine der Schirmtherapien geholfen werden. Ihre Anwendung wäre im schlimmsten Fall wirkungslos. Aber Vorsicht! Nicht alles, was man sich an neuen Techniken vorstellen kann, ist unbedingt förderlich und ungefährlich.

Um diese Flut an therapeutischen Möglichkeiten besser einordnen zu können, ist es wichtig, einige Tatsachen zu kennen.

Jede Therapie wirkt
- bei manchen Patienten und Klienten,
- bei manchen Problemen dieser Patienten,
- im Zusammenhang mit ihrer Lebensgeschichte,
- zu manchen Zeitpunkten in ihrem Leben,
- in der Anwendung durch manchen Therapeuten, der dieser Therapie vertraut.

Dennoch funktioniert keine der unzähligen psychotherapeutischen Techniken bei jedem und zu jeder Zeit und ist auch nicht für jedes Problem oder mit jedem Therapeuten anwendbar. Das heißt: Alle Therapieformen wirken, doch keine wirkt immer.

Andererseits deuten wissenschaftliche Untersuchungen darauf hin, daß bestimmte Therapieformen für bestimmte Probleme geeigneter sind als andere. Ein besseres Gefühl dafür bekommt der Leser hoffentlich, wenn er das Kapitel »Hauptrichtungen« gelesen hat.

Überblick über die Hauptrichtungen der Psychotherapie und Klärung _____ einiger Begriffe _____

Die Hauptrichtungen

Die sehr große Anzahl an Psychotherapien kann einigen wenigen grundlegenden Theorien zugeordnet werden. Diese Theorien werden auch als Haupt-Schulen, Haupt-Strömungen, Haupt-Theorien bezeichnet.

Diese Hauptströmungen, die zum Teil äußerst unterschiedliche theoretische Sichtweisen darstellen, beziehen sich auf die Bewertung, Beurteilung und Deutung menschlichen Verhaltens und Erlebens. Jede theoretische Richtung versucht, menschliches Verhalten aus ihrer Sicht zu erklären und verständlich zu machen, warum jemand sich so und nicht anders verhält.

Die »Haupt-Schulen« des Verständnisses menschlichen Verhaltens kann man als
- die neuro-biologische,
- die psychodynamische,
- die verhaltenstheoretische,
- die kognitive und
- die humanistisch-existentialistisch-phänomenologische Betrachtungsweise bezeichnen.

Die erste Betrachtungsweise ist nicht psychologisch, sondern physisch, körperlich und pharmakologisch ausgerichtet.

Die kognitive Betrachtungsweise könnte auch unter die übrigen drei theoretischen Richtungen gefaßt werden. Man würde dann jedoch riskieren, die Bedeutung dieser Richtung und neuerer Entwicklungen in der Psychotherapie zu unterschätzen. In diesem Buch werde ich deswegen alle

Psychotherapien in eine der fünf genannten gegenwärtigen theoretischen Hauptauffassungen von menschlichem Verhalten in der Psychotherapie einordnen.

Die neuro-biologische Sicht

Diese Betrachtungsweise (auch als »neuro-bio-physiologische« bezeichnet oder durch eine Kombination von »neuro-«, »bio-«, oder »physio-« [-logisch] dargestellt), signalisiert, daß die Vertreter dieser theoretischen Richtung menschliches Verhalten und geistige Leistungen als das Resultat anatomisch-physiologischer Funktionen des Körpers betrachten. Verhalten wollen sie allein mit Hilfe solcher körperlichen Faktoren erklären und verstehen.

In diesem Sinn werden seelische Probleme behandelt. Die Strukturen und Funktionen von Nerven und Drüsen werden untersucht und je nach Verständnis und Befund behandelt. Diese Gruppe von Therapeuten bevorzugt es, Operationen, Medikamente, Elektroschocks und ähnliches als Behandlungsmethoden anzuwenden. Diese Maßnahmen werden im allgemeinen in neurologischen oder psychiatrischen Abteilungen primär von medizinisch ausgebildeten Therapeuten durchgeführt. Operationen verändern die Strukturen im Gehirn. Medikamente beeinflussen die Funktionen von Strukturen. Elektroschocks bewirken beides.

Diese Art von Therapie soll in diesem Buch nicht eingehend behandelt werden. Adäquate Nachweise für eine längerfristige positive Wirkung vieler dieser anatomisch-physiologischen Behandlungstechniken liegen nicht vor. Wichtige Erfahrungen zeigen im Gegenteil, daß viele dieser Behandlungsformen mittel- oder langfristig schädlich für den Patienten sein können, da die Folgen der Maßnahmen zum großen Teil nicht kontrollierbar sind. Medikamente, Elektroschocks und Operationen können körperliche Veränderungen verursachen, deren Auswirkungen bis heute nicht vollständig abzuschätzen sind. Es ist denkbar, daß sie Erkrankungen hervorrufen können, die schlimmer sind als das, was sie zu mildern beabsichtigen. Trotzdem darf man nicht übersehen, daß es Techniken dieser Art gibt, für die therapeutische Vorteile nachgewiesen werden konnten.

Elektroschocks sollen schwere Depressionen heilen, werden selbst aber häufig für schwerste Depressionen verantwortlich gemacht. Etliche Selbstmorde sind in den Tagen und Wochen nach einer Elektroschock-Therapie verübt worden. Der vielleicht berühmteste Fall ist der des amerikanischen Schriftstellers Ernest Hemingway, der nach einer Elektroschocktherapie sein Leben durch Kopfschuß mit einer Schrotflinte beendet hat. Natürlich ist es nicht bewiesen, daß Elektroschocks Depressionen direkt verursachen. Dennoch haben die vorliegenden Erkenntnisse bewirkt, daß die Elektroschocktherapie mancherorts gesetzlich verboten wurde.

Medikamente können genetische Veränderungen (Mutationen) sowie auch körperliche Reaktionen hervorrufen, von denen die Medizin heute noch nichts weiß und deren Folgen nur erahnt werden können.

Viele der sogenannten »modernen« neurobiologischen Therapien versprechen viel für die Zukunft, haben jedoch das Flair mittelalterlicher Folterkammern und zeugen von einem längst überholten Denken, das nur in eine »moderne« medizinische Technologie gekleidet ist.

Langzeiterfolge solcher Behandlungsmethoden sind, wie erwähnt, nicht ausreichend bewiesen. Die meisten positiven Wirkungen können mit »konservativen«, das heißt weniger eingreifenden und schonenderen, psychologischen Methoden erreicht werden. Diese Methoden brauchen in der Regel jedoch länger, um eine Wirkung zu zeigen, und sie verlangen die aktive Teilnahme des Patienten beziehungsweise Klienten.

Die psychoanalytische Betrachtungsweise

Man spricht auch von der psychodynamischen Betrachtungsweise. Geschichtlich gesehen ist die psychodynamische die älteste der gegenwärtigen psychologisch-theoretischen Sichtweisen menschlichen Verhaltens. Ihr Begründer ist der Physiologe und Arzt Sigmund Freud (1856-1939). In seinen berühmtesten physiologischen Untersuchungen beschäftigt er sich mit Kokain. Bis in die 80er Jahre des 20. Jahrhunderts beruhte ein großer Teil unseres Wissens über Kokain auf Freuds Erkenntnissen.

Freud entwickelte seine psychoanalytische Theorie und Praxis aus seinen Beobachtungen an seinen Patienten. Obwohl seit Freud viele Varianten der psychoanalytischen Theorie entwickelt wurden, blieben einige Grundgedanken doch gleich.

Zwei grundlegende Hypothesen sind das Fundament der psychoanalytischen Betrachtungsweise:

1. Ein Teil des menschlichen Geistes beziehungsweise der Seele ist unbewußt.
2. Dieser unbewußte Teil unserer Seele umfaßt Gedanken, Gefühle und Wünsche, die unser tägliches Leben beeinflussen, auch wenn wir kaum Kenntnis davon haben und uns dessen nicht einmal bewußt sind.

Diese Ideen, die uns heute gar nicht mehr so fremd sind, stellen einen der größten Meilensteine in der Entwicklung menschlichen Denkens dar. Sie sind ebenso revolutionär wie die Ideen Kopernikus', Darwins und Einsteins. Stellen Sie sich vor, wie schwierig es für die Menschen damals gewesen sein muß, die revolutionären Konzepte dieser Männer anzunehmen.

Wir Menschen neigten immer dazu, uns selbst als einzigartig und als Mittelpunkt des Universums zu sehen.[3] Aber dann kam eine Reihe von Erkenntnissen, die nach und nach unsere Vorstellung von uns selbst im Verhältnis zu der uns umgebenden Welt verändert haben.

---

3 Dies ist typisch für das kognitive Niveau von Kleinkindern.

Kopernikus zeigte uns, daß die Erde weder der Mittelpunkt des Universums noch das Zentrum des Sonnensystems ist und daß dieses wiederum nur eines von vielen ist. Dieses Konzept relativiert unsere Bedeutung, zeigt uns, wie unbedeutend wir sind.

Bis Darwin dachten die Menschen von sich selbst, sie seien »immerhin« etwas Besonderes. Darwin machte deutlich, daß der Mensch ein Tier unter allen anderen ist, eine natürliche Konsequenz laufender evolutionärer Prozesse. Wenn wir uns auch in mancher Hinsicht ein bißchen weiterentwickelt haben als unsere näheren Verwandten in der Tierwelt und darüber hinaus einige besondere Fähigkeiten besitzen, so bleiben wir dennoch Tiere. Wie unbequem, ja unerträglich diese Tatsachen für manche Menschen sind, kann man an ihrer Reaktion ermessen. Sie streiten die biologischen Fakten ab und fliehen in religiöse und mythologische Erklärungen für die Phänomene, die Darwin wissenschaftlich erforscht hat. Obwohl Darwins Konzept der natürlichen Auslese nur eine Theorie und kein absoluter Grundsatz (Axiom) ist, wurde sie wissenschaftlich so gut untermauert, daß sie als Tatsache gelten muß. Sie ist und bleibt das einzige bisher wissenschaftlich akzeptable Konzept, um die Entwicklung des Lebens auf dieser Erde, der Pflanzen- und Tierwelt einschließlich des Menschen zu erklären.

Freud zeigte uns dann, daß wir nicht nur nicht das Zentrum des Universums und auch nicht von der Tierwelt zu trennen sind, sondern auch, daß wir nicht einmal wissen, was wir in unserem eigenen Kopf denken und fühlen. Vielleicht ist nur 10 Prozent dessen, was in unseren Gehirnen vor sich geht, unserem Bewußtsein zugänglich. Möglicherweise ist uns nur die Spitze unseres seelischen und geistigen Eisbergs bewußt.

Die Verhaltenstheorien

In mancher Hinsicht sind die Verhaltenstheorien eine zur psychoanalytischen Theorie gegenläufige Betrachtungsweise. Die klassischen Psychoanalytiker interessieren sich für das unsichtbare Unbewußte, in dem unsere verborgenen Gedanken, Gefühle und Wünsche vergraben sind. Die Verhaltenstheoretiker (auch Behavioristen oder Lerntheoretiker genannt) verneinen weder die Existenz eines Unbewußten noch das Bestehen unbewußter Motive, sie interessieren sich nur nicht dafür. Für sie ist das Unbewußte kein legitimer Forschungsgegenstand, sondern irrelevant, da für sie nur wichtig ist, was man sehen und messen kann. Ihr Interesse beschränkt sich auf *beobachtbares Verhalten* und auf die Ereignisse, die auf dies Verhalten folgen, das heißt auf Konsequenzen dieses Verhaltens.

Die vorhergehenden Ereignisse geben Aufschluß über die *Auslöser* des Verhaltens. Die *Konsequenzen* des Verhaltens sind wichtig, weil sie die zukünftige Stärke des Verhaltens beeinflussen, das heißt die Wahrscheinlichkeit, daß dieses Verhalten wieder auftritt, sowie die Intensität, mit der das Verhalten vorkommt.

Behavioristen werden manchmal auch S-R-Psychologen genannt, weil sie sich mit dem Reiz (S = Stimulus), der einem Verhalten vorausgeht, und dem darauf folgenden Verhalten des einzelnen (R = Reaktion oder Response) beschäftigen. Alle Vorgänge, die während der Reizverarbeitung in der Person beziehungsweise in dem handelnden Organismus ablaufen (z.B. Denkprozesse, Gefühle), finden ihnen zufolge in einer »Black Box« statt, weil niemand von außen erkennen kann, was während der Reizverarbeitung in der Person selbst geschieht.

Wenn die Person oder der Organismus in bestimmter Weise auf bestimmte Reize reagiert oder antwortet, wenn also ein Lernprozeß stattfindet, sprechen wir von einer *Konditionierung*. Verhaltenstheoretiker gehen davon aus, daß unser Verhalten durch Konditionierung gelernt wird.

Diese folgt systematischen und nachvollziehbaren Regeln. Der Verhaltenstheorie zufolge hat jemand mit einer neurotischen Verhaltensweise (zum Beispiel mit dem Zwang, immer wieder nachprüfen zu müssen, ob der Herd ausgeschaltet ist) diese Neurose gelernt, das heißt, er wurde so konditioniert.

Wie wir in dem Kapitel über die Verhaltenstherapie erfahren werden, gibt es auch Möglichkeiten, dieses konditionierte Verhalten zu ändern.

Die kognitive Betrachtungsweise

Der Begriff »Kognition«, für den es im Deutschen keine genaue und einfache Übersetzung gibt, stammt aus dem Lateinischen »co-« (zusammen) und »gnoscere« (erkennen, erfahren, wissen), das wiederum aus dem Griechischen kommt. Kognition bezieht sich auf alle geistigen oder seelischen Aktivitäten und ist ein Oberbegriff, unter dem Wahrnehmen, Denken, Phantasieren, Problemlösen, Erinnern und Vergessen zusammengefaßt werden.

Die kognitive Sicht des menschlichen Könnens und Verhaltens ist nicht neu, jedoch hat sich in den 80er und 90er Jahren dieses Jahrhunderts die Kognitionsforschung stark entwickelt; andere Untersuchungen brachten zunehmenden Einblick in die Funktionsweise unseres Gehirns. Diese sogenannte »kognitive Wende« spiegelt die Bedeutung der kognitiven Betrachtungsweise in der Psychologie heute insgesamt wider. Man könnte sagen, dies ist das »kognitive Zeitalter«.

Theoretiker und Therapeuten, die dieser Betrachtungsweise nahestehen, glauben, daß Menschen nicht nur passive Empfänger von Reizen sind. Nach ihrer Auffassung werden eingehende Informationen, die über die Sinnesorgane von außen und aus dem eigenen Körper kommen, vom Gehirn aktiv verarbeitet. Diese Informationen werden transformiert, das heißt in neue Formen gebracht, interpretiert und dann erst für den späteren Gebrauch gespeichert.

Kognitive Psychologen gehen davon aus, daß Menschen aktiv denken, Pläne machen und Entscheidungen treffen, ihr eigenes Leben aktiv gestalten und selbst ihrem Leben Richtung und Bedeutung geben.

Kognitionen beeinflussen nachfolgende Kognitionen. In der Vergangenheit gewonnenes Wissen und gesammelte Erfahrungen, also vorhandene Kognitionen, beeinflussen zukünftige Wahrnehmungen. Mit anderen Worten: Kognition beeinflußt den Prozeß der Wahrnehmung, indem die Person auf Grund vergangener Erfahrungen die für sie selbst bedeutsamen Informationen aus der Flut von Reizen herausfiltert, mit denen sie andauernd bombardiert wird. (Aristoteles hat diesen Vorgang im Zusammenhang mit Traumdeutungen schon vor rund 2300 Jahren beschrieben.)

Die kognitive Sicht könnte man auch jeweils bei den anderen drei Hauptrichtungen der psychologisch orientierten Psychotherapie darstellen, denn die Techniken und Methoden der kognitiven Therapien sind selten so eindeutig oder einheitlich, daß man von einer eigenständigen Haupt-Therapierichtung sprechen kann. Kognitive Therapeuten verwenden hauptsächlich therapeutische Methoden aus den psychoanalytischen, verhaltenstheoretischen und humanistischen Schulen. Dennoch würde man die Bedeutung der »kognitiven Revolution« unterschätzen, wenn man ihr nicht das Gewicht einer Hauptgruppe beimessen würde.

Psychoanalytisches Gedankengut, Prozesse in der »Black Box«, Symbolik und humanistisch-phänomenologische Einstellungen sind alle gleichzeitig auch Kognitionen, das heißt, die kognitive Betrachtungsweise ist für alle anderen Therapieformen eine wesensnahe Ergänzung. Von daher könnte man die kognitive Betrachtungsweise auch als Grundlage aller Psychotherapien betrachten.

Humanistisch-existentialistisch-phänomenologische Betrachtungsweise

Diese weitere Hauptrichtung der Psychotherapie, ursprünglich »Der Dritte Weg« nach dem psychoanalytischen und dem verhaltenstheoretischen »Weg«, hat ihre Wurzeln eigentlich in der Philosophie. Wenn man berücksichtigt, daß der Humanismus in der Antike wurzelt, ist diese Betrachtungsweise die älteste. Sieht man jedoch die theoretischen Orientierungen in der Psychotherapie in diesem Jahrhundert, ist sie zugleich eine der neuesten.

Die humanistische Orientierung in der Psychologie in diesem Jahrhundert ist auf die phänomenologische Philosophie von Husserl und die existentialistischen Ansätze von Jaspers, Kierkegaard und Sartre gegründet sowie auf die Arbeiten von namhaften Persönlichkeiten wie Sullivan und Horney, Rogers, Fromm und Maslow.

Die Phänomenologie geht von den subjektiven Erfahrungen des einzelnen aus. Sie untersucht die Art und Weise, wie der einzelne seine eigenen Erfahrungen wahrnimmt und deutet. Das nennt man die Phänomenologie des einzelnen.

Das Wort kommt aus dem Griechischen »phainesthai« (erscheinen) und bezieht sich darauf, »wie es dem einzelnen erscheint«, im Unterschied dazu, »wie es wirklich ist«. Die Unterscheidung zwischen diesen beiden Realitäten oder Wahrheiten, also zwischen der Realität des einzelnen und der des »Ding-an-Sich«, geht zurück auf die Philosophen Platon und Kant.

Phänomenologen und Humanisten stellen eine heterogene Gruppe von Psychotherapeuten dar, die die verschiedensten Techniken und Vorgehensweisen anwenden.

Im allgemeinen glauben sie an das Vorhandensein eines natürlichen Strebens nach persönlichem Wachstum und Selbstverwirklichung. Jeder einzelne hat ihnen zufolge das Bedürfnis, sich über seinen gegenwärtigen Zustand hinaus zu entfalten und sein Potential optimal zu entwickeln.

Wie wir später noch besprechen werden, haben die phänomenologischen Humanisten Begriffe und Konzepte in die Psychologie und Psychotherapie eingebracht, die für jede zwischenmenschliche Kommunikation und Verständigung wie auch für jede erfolgreiche Psychotherapie – unabhängig von der theoretischen Orientierung – grundlegend zu sein scheinen.

Klarstellung einiger Begriffe

Bestimmte Fragen im Zusammenhang mit den Begriffen Patient, Klient, Psychiater, Psychologe werden immer wieder gestellt. In diesem Teil sollten wir diese Begriffe klären, bevor wir dann fortfahren.

Wer ist Patient, wer Klient?

Beide Begriffe beziehen sich auf die Person, die Hilfe beim Therapeuten sucht. Der Hilfesuchende allein entscheidet, ob er Patient wird. Jeder, der freiwillig Hilfe beim Therapeuten sucht, hat sich selbst durch das Hineinbegeben in die therapeutische Situation als Patient oder Klient definiert.

Der Begriff »Patient« wird im allgemeinen von Therapeuten verwendet, die eine medizinische Ausbildung haben (Ärzte, Psychiater, die meisten Psychoanalytiker und diejenigen, die in Krankenhäusern und ähnlichen Institutionen arbeiten). Mit dem Begriff »Patient« verbinden wir Eigenschaften wie »krank« und »hilflos«. Der »Patient« befindet sich in einer Beziehung mit einseitigen Machtverhältnissen. Es gibt einen gesunden Experten und einen kranken Patienten. Dies ist die stillschweigende unterschwellige Annahme.

Der Begriff »Klient« wird allgemein von Psychologen und Sozialarbeitern verwendet, um Menschen zu beschreiben, die bei ihnen um Hilfe nachsuchen. Der Begriff deutet an, daß der Therapeut für die Person da ist, die nicht-ärztliche Hilfe benötigt, vergleichbar einem Anwalt oder Steuerberater. Dieser Ausdruck impliziert auch eine Beziehung, die auf Unterstützung, vielleicht sogar gegenseitige Unterstützung, aufgebaut ist. Ein »Klient« ist nicht so »hilflos« wie ein »Patient« und auch nicht »krank«. Es ist normal, in bestimmten Situationen Rat und Hilfe bei einem Fachmann zu suchen. Diese Einstellung spiegelt sich wider in der Art der Kleidung. Diese Art von Fachleuten, wie auch die meisten Psychologen, tragen normale Straßenkleidung, wenn sie ihre »Kunden« beraten.

Ich bevorzuge den Begriff »Klient«. Trotzdem werde ich hier beide Begriffe verwenden, je nach dem theoretischen Zusammenhang, in dem sie jeweils angewandt werden.

Wie unterscheiden sich Psychiater, Psychologen,
Psychoanalytiker und Psychotherapeuten?

Nach der unterschiedlichen Bedeutung dieser Ausdrücke wird immer wieder gefragt. Gehen wir diese für die meisten Menschen verwirrenden Begriffe nacheinander durch.

Psychotherapeut: Psychotherapie ist der Oberbegriff für alle Therapieformen, die auf die Psyche und das Verhalten einwirken. Psychotherapeut ist somit der Oberbegriff für alle Therapeuten, die versuchen, psychische beziehungsweise seelische Probleme zu behandeln oder zu therapieren.[4] Die Unterschiede sind philosophisch und methodisch. Unter psychischen Problemen sind Probleme des Denkens und Fühlens sowie Verhaltensprobleme einer Per-

---

4   In Deutschland war der Begriff Psychotherapie aufgrund gesetzlicher Vorschriften und fehlgelaufener traditioneller Denkmuster noch bis vor wenigen Jahren auf eine einzige Therapie, die psychoanalytische, beschränkt. Bis heute sind in Deutschland für viele Menschen Psychotherapie und Psychoanalyse fast synonym. Nur langsam ändert sich das Bild. Immerhin wird in Deutschland heute die Verhaltenstherapie auch als Therapieform akzeptiert.

son oder einer Gruppe von Personen zu verstehen. Es handelt sich in erster Linie um gesundheitliche Probleme, die primär »nicht-körperlich« sind und daher auch nicht in den Aufgabenbereich des Mediziners gehören. Aber auch Probleme, die aus der Beeinflussung des Körpers durch die Psyche entstehen, also psychosomatische (von Psyche: Geist/Seele, und Soma: Körper), werden vom Psychotherapeuten behandelt. Dies sind Krankheitsfälle, bei denen die körperliche Erkrankung Ausdruck eines seelischen Konfliktes ist. Bevor der Therapeut eine körperliche Erkrankung »psycho-therapiert«, muß durch den Mediziner abgesichert werden, daß keine körperliche Ursache (z.B. Infektion, Mißbildung) vorliegt.

Eine akademische Ausbildung ist heute Voraussetzung dafür, Psychotherapeut werden zu können. Wer sich Psychotherapeut nennen und Psychotherapie ausüben darf, entscheidet letztlich die Gesetzgebung des jeweiligen Landes oder Staates. Die Gesetzgebung ist, über die Bemühung, die Qualifikation des Therapeuten abzusichern hinaus, häufig Ausdruck geschichtlicher Entwicklungen und somit oftmals nicht mehr zeitgemäß. Sie ist auch ein Ausdruck von Machtkämpfen zwischen Berufsverbänden und anderen beruflichen Interessengruppen, die sich um den »Therapiekuchen« streiten. Diese Konflikte werden meistens gegen die Interessen der Patienten ausgetragen. Dies gilt zum Beispiel dann, wenn qualifizierte Fachleute Therapien nicht ausüben dürfen, weil eine starke Gruppe mit massiver finanzieller Unterstützung von außen das Recht an allen Therapien für alle Zeit für sich behalten möchte. Die Patienten müßten auf die Barrikaden gehen, um ihre Interessen durchzusetzen.

In der ganzen abendländischen Welt gründet ein akademisch ausgebildeter Psychotherapeut seine Therapie auf eine der in diesem Buch behandelten Haupt-Therapierichtungen oder eine Kombination dieser Theorien.

Psychoanalytiker: Der Psychoanalytiker ist ein Psychotherapeut, der sich der Methoden der psychodynamischen beziehungsweise tiefenpsychologischen Theorien bedient. Die psychoanalytische Therapie heißt Psychoanalyse.

Die Qualifikation des Psychoanalytikers basiert meist ebenfalls auf einer akademischen Ausbildung (in Medizin oder Psychologie) und einer psychoanalytischen Zusatzausbildung mit einer Lehranalyse. Die Lehranalyse ist eine Art Therapie, und der Therapeut ist der Lehrer. Auf der Grundlage der Analyse seiner eigenen Entwicklung und seiner Probleme lernt der angehende Therapeut, Probleme zu erkennen und zu bearbeiten, so daß er später in der Lage ist, die Probleme seiner Patienten zu analysieren.

Sigmund Freud, der Gründer der Psychoanalyse, war der Meinung, daß man kein Arzt sein muß, um Psychotherapie ausüben zu können, daß vielmehr auch Laien Analytiker werden könnten. Einer der bedeutendsten Psychoanalytiker überhaupt, Erik H. Erikson, hatte keine akademische Ausbildung. Trotz der Proteste Freuds war diese Therapieform weitgehend zur Domäne der Mediziner gemacht worden. Gerichtsentscheidungen in den letzten Jahren ändern jetzt das Bild allmählich.

Psychiater (und Neurologe): Ein Psychiater hat Medizin studiert mit anschließender Fachausbildung in der Psychiatrie. Der Psychiater hat es meistens mit schwer erkrankten Patienten zu tun, denen mit einer sogenannten »sprechenden« psychologischen Therapie oft kaum zu helfen ist. Sie arbeiten daher vorwiegend auf der Basis von neurobiologischen Theorien, zum Beispiel mit Medikamenten. In Deutschland sind dies dann Ärzte für Psychiatrie und Ärzte für Psychiatrie und Neurologie.

Neurologen werden in Deutschland auch als Nervenärzte bezeichnet. Neurologen tendieren noch mehr als Psychiater dazu, sich der Medikamente, Operationen und Elektroschock-Therapien zu bedienen und noch weniger dazu, psychologische Gespräche mit den Patienten zu führen. Der sehr bekannte und sehr kritische Psychiater Thomas Szasz hat einmal geschrieben, daß die Ausbildung der Psychiater dazu befähigt, vorrangig hirnorganisch erkrankte Patienten zu behandeln, nicht aber die meisten Alltagsprobleme, deretwegen die meisten Menschen einen Psychotherapeuten aufsuchen. Dieser Meinung stimme ich zu.

Psychologe: Während des ganzen Studiums der Psychologie steht das Verhalten von Menschen (und zum Teil auch von Tieren) im Vordergrund. Dieses breit gefächerte Wissen setzt der Psychologe in der Psychotherapie um, gleich welche theoretische Richtung er wählt. Unter Verhalten versteht man nicht nur das Handeln, sondern auch das Denken, Fühlen und Sprechen. Psychologen (in Deutschland Diplom-Psychologen) studieren Individuen und Gruppen, wie Familien, Staaten und Gesellschaften.

Obwohl die Psychotherapie das ureigene Feld der Psychologie ist, wurden Jahrzehnte lang Psychologen von der Psychotherapie ausgeschlossen und konnten daher nur sehr mühsam die Kostenübernahme für ihre Patienten und Klienten erreichen. Auch der Mediziner Freud behauptete, daß alles, was er in Richtung Psychoanalyse unternahm, ein Teil der Psychologie sei. Alle Hauptrichtungen der Psychotherapie (außer der neurobiologischen) bauen auf psychologischen Theorien auf. Die Verhaltenstherapien wie auch die humanistischen und kognitiven Theorien und Therapien sind von Psychologen entwickelt worden. Trotzdem müssen sie kämpfen, um diese Therapien überhaupt ausüben zu dürfen. Zur Zeit wird in Deutschland ein Gesetz vorbereitet, das die Qualifikationen des therapeutisch tätigen Psychologen und die Kostenübernahme bei von ihm durchgeführten Therapien regelt.

Wie unterscheiden sich Beratung und Therapie?

Jahrzehntelang gab es kaum einen Unterschied zwischen psychologischer Beratung und Psychotherapie. Anfang der 40er Jahre sagte Carl Rogers, einer der Pioniere der humanistischen Psychologie, Psychologen beraten, Ärzte therapieren. Psychologen durften keine Therapie durchführen, so nannte man ihr Tun Beratung, was eigentlich nur ein Wortspiel ist.

Heute sind Beratungen im allgemeinen von kurzer Dauer, Therapien sind längerfristig angelegt, manchmal auf Jahre. Beratungen eignen sich normalerweise auch für weniger schwerwiegende Probleme, Therapien deuten auf eine tiefergreifende Behandlung für schwierige Probleme hin.

Ob Berater oder Therapeut, die therapeutischen Methoden basieren auf den gleichen Haupttheorien, obwohl Ziele und Zeitplanung anders sein können.

Wie unterscheiden sich Selbsterfahrung und Therapie?

In den letzten Jahrzehnten sind unzählige Arten von Selbsterfahrungsgruppen entstanden. Man kann sie den gleichen zentralen theoretischen Richtungen zuordnen wie die Therapien. Von daher sind sie sehr ähnlich und kaum von Therapiegruppen zu unterscheiden.

In Selbsterfahrungsgruppen finden sich primär Menschen, die interessiert und bestrebt sind, ihren Lebenshorizont zu erweitern, mehr über sich selbst zu erfahren, vielleicht neue Wege für sich selbst zu suchen, für bestimmte Probleme eine Lösung zu finden und überhaupt mehr darüber zu erfahren, warum Menschen das tun, was sie tun. Insgesamt nennt man das alles »Wachstum«: Die Menschen wollen innerlich wachsen.

Die Arbeit in beiden Arten von Gruppen führt zu Persönlichkeits- und Verhaltensänderungen; das ist eigentlich das, was eine Therapie auch (aus)macht. Man könnte sagen, Selbsterfahrungsgruppen sind Therapie für Nichtkranke. Aber was heißt »krank«? Wieviel Druck muß vorhanden sein, bevor man krank wird? Schwer erkrankte Menschen werden meistens erkannt und von der Teilnahme an einer solchen Gruppe ausgeschlossen. Dennoch gibt es gelegentlich »leicht« erkrankte Menschen in Selbsterfahrungsgruppen und gesunde Patienten in der Therapie. Verwirrend? Jawohl, dann haben Sie es verstanden. Therapie ist für Kranke, Selbsterfahrung für Gesunde, die innerlich »wachsen« wollen. Die Unterscheidung zwischen leicht erkrankt oder gesund läßt sich üblicherweise kaum treffen.

Ich möchte auf eine Gefahr hinweisen: Die Leiter von Selbsterfahrungsgruppen sind nicht immer fachgerecht ausgebildet. Manchmal sind sie durch Selbsterfahrungsgruppen hochgekommen, um dann selbst Gruppen zu leiten. Man sollte also nach der Qualifikation der Leiter fragen. Andererseits gibt es auch Leiter von Selbsterfahrungsgruppen ohne amtlich beglaubigte Qualifikationen, die besser arbeiten als mancher Schultherapeut. Trotzdem ist Vorsicht besonders dann angebracht, wenn die Leiter die Teilnehmer auffordern, Dinge zu tun, die physisch schaden können, die gegen die herkömmliche Moral, Ethik oder Gesetze verstoßen oder die einfach geschmacklos sind.

Psychotherapeuten sind keine Moralprediger oder Gesetzeshüter. Dennoch gibt es Grenzen, die nicht überschritten werden sollten. Wenn Gesetze Patienten und Klienten nicht mehr vor Scharlatanen, Sekten und Wucherern schützen, muß jeder verstärkt auf sich selbst aufpassen.

Einzel- und Gruppentherapie

In der Einzeltherapie gibt es für jeden Patienten oder Klienten einen Therapeuten.

In einer Gruppentherapie arbeiten mehrere Klienten mit ein oder zwei Therapeuten zusammen. Meistens besteht eine Gruppe aus fünf bis fünfzehn Teilnehmern, weil die Gruppe sonst zu unübersichtlich wird und die Zeit zu gering, die jedem einzelnen gewidmet werden kann.

Andererseits gibt es Therapieformen mit Gruppen, die so groß sind, daß die Sitzungen in Hörsälen oder sogar in Stadien stattfinden müssen.

Wie die Einzeltherapien lassen sich auch alle Gruppentherapien den genannten theoretischen Hauptrichtungen zuordnen. Es gibt psychoanalytische, verhaltenstherapeutische und humanistische Gruppen und solche, die betont kognitiv arbeiten.

In einer Einzeltherapie ist der Therapeut ausschließlich für den Patienten beziehungsweise Klienten da und kann ihm voll und ganz seine Aufmerksamkeit widmen. In der Gruppenarbeit ist dies anders, aber dafür hat sie eine Reihe von Vorteilen:

- In der Gruppe verliert man die Illusion, allein mit seinem Problem dazustehen. Man erfährt, daß andere gleiche oder ähnliche Probleme haben oder gehabt haben. Nicht zuletzt dadurch verliert man die Angst, über die eigenen Gefühle zu sprechen.
- Man lernt in der Gruppe über Gefühle und Probleme zu reden, ohne daß dies negative soziale Konsequenzen hat.
- In der Zusammenarbeit mit anderen Menschen bekommen der Therapeut und die Gruppe ein besseres, vollständigeres Bild von jedem einzelnen Teilnehmer, weil er in sozialen Interaktionen erlebt wird.
- Durch soziale Interaktionen lernen die Teilnehmer miteinander umzugehen.
- In der Gruppe erfährt jeder einzelne mehr »Modelle« durch die unterschiedlichen Lebenserfahrungen und Verhaltensstile der Teilnehmer. Die Teilnehmer können neue Möglichkeiten im Umgang mit anderen Menschen ausprobieren.
- Man lernt, andere, und dadurch auch sich selbst, besser zu verstehen.
- Weil mehrere Gruppenmitglieder anwesend sind, erfährt der einzelne mehr Unterstützung.

Anfang dieses Jahrhunderts überlegte Jacob Levy Moreno, daß die Einzeltherapie, wie Freud sie propagierte, deshalb nicht so sinnvoll sein kann, weil wir nicht allein, sondern in Gruppen (z.B. in der Familie) leben. Deswegen entwickelte er eine Gruppenpsychotherapie. Er war der Auffassung, daß wir in den unterschiedlichen Gruppen, denen wir im Leben angehören, auch verschiedene Rollen spielen.

Eine Rolle bezieht sich auf die Stelle, die jemand in einer Gruppe einnimmt (beispielsweise Vater, Mutter, Kind, Vorarbeiter, Sekretärin), und auf das zu erwartende Verhalten, das mit dieser Stelle verbunden ist. Ein Vater verhält sich in unserer Gesellschaft traditionell anders als eine Mutter.

So wie man eine bestimmte Rolle in der Familie, in der Arbeitsgruppe, Sportgruppe, Kirchengruppe annimmt oder »spielt«, ließ Moreno auch die Teilnehmer ihre Rollen in der Gruppe spielen. Das war der Anfang von Rollenspielen, wie man sie in therapeutischen und Selbsterfahrungsgruppen in diesem Jahrhundert kennt. (Die eigentlichen Urväter des Rollenspiels sind die alten Griechen.) Seine Therapie nannte er Psychodrama, weil jede Rolle in ein Lebensdrama paßt. Die Techniken werden heute in den verschiedensten Gruppen angewandt.

_____ Psychoanalytische Theorie _____

Wie im zweiten Kapitel schon erwähnt, gibt es zwei Grundgedanken oder Prinzipien, die für das psychoanalytische Denken grundlegend sind:

1. Ein Teil unserer inneren Gedanken- und Gefühlswelt ist uns unbewußt. Das heißt, a) wir wissen nicht alles, was in uns vorgeht, und b) ein guter Teil bleibt uns völlig verborgen. Dazu kommt, c) daß dieser uns unbekannte Bereich unserer inneren Welt im Vergleich zu dem, der uns bewußt ist, sogar den weitaus größten Teil darstellt. Wir kennen nur die Spitze des Eisberges. Der Rest bleibt in unseren Köpfen »unter Wasser«, also unbewußt.

2. Dieser unbewußte Teil unserer Psyche (Geist und Seele) beeinflußt in hohem Maße unser tägliches Verhalten einschließlich des Denkens und Fühlens. Auch diese Beeinflussung geschieht, ohne daß wir es merken, also unbewußt.

Der größte Teil unseres Fühlens und Denkens ist uns also unbewußt, und wir sind uns selbst meistens nicht im klaren darüber, warum wir so und nicht anders handeln, weil uns unsere Motive unbekannt und unbewußt sind.

Die Idee von der Existenz eines unbewußten Teils unserer Psyche oder unseres Geistes kann man (mindestens) bis in die Antike zu den Griechen zurückverfolgen. Die Gedanken wurden von Philosophen und Dichtern, die sowieso die besten Psychologen sind, aufgegriffen. Freuds Verdienst bestand darin, als erster diese Idee in eine Gesamttheorie der Persönlichkeit integriert zu haben.

Das psychoanalytische Modell der Persönlichkeit

Verschiedene Ebenen des Bewußtseins

Freud hat drei verschiedene Ebenen des Bewußtseins unterschieden.

1. *Das Bewußte:* Hier haben wir es mit dem Teil unseres Geistes zu tun, der uns bewußt ist. Solange wir wissen, woran wir gerade denken, solange wir wissen, was in unseren Köpfen vor sich geht, sind wir uns dessen bewußt; wir befinden uns also auf der bewußten Ebene.

2. *Das Vorbewußte:* Während Sie diese Zeilen lesen, ist es unwahrscheinlich, daß Sie gerade an Ihren ersten Schultag als Kind denken. In dem Augenblick, in dem Sie diesen letzten Satz gelesen haben, dachten Sie wahrscheinlich doch an Ihren ersten Schultag. Das heißt, die Erinnerungen waren bis dahin nicht auf der bewußten Ebene, aber doch relativ schnell abrufbar. Sie waren im Vorbewußten.

3. *Das Unbewußte:* Auf dieser Ebene haben wir es mit Wünschen, Gedanken und Gefühlen zu tun, die uns nicht (mehr) sehr leicht zugänglich sind. Wir sind uns ihrer nicht (mehr) bewußt und können sie deshalb nur schwer (wieder) ins Bewußtsein holen. Die psychoanalytische Therapie befaßt sich im wesentlichen damit, sich in das Unbewußte hineinzuarbeiten und uns Material, das uns in unserem Verhalten beeinflußt, über das wir aber keine Kontrolle haben, ja über das wir uns nicht einmal im klaren sind, aus der Tiefe unseres Gedächtnisses zu holen und bewußt zu machen.

Der Übergang zwischen dem Unbewußten und dem Vorbewußten ist fließend. Es ist leichter, Material aus dem Vorbewußten ins Bewußte zu holen. Unbewußtes Material ist schwieriger zu bearbeiten. Es kann im Leben weiter zurückliegen oder emotional so belastet sein, daß man sich nicht daran erinnern möchte. (Das ist eine Funktion der Ich-Abwehrmechanismen, die wir später kennenlernen werden.) In der Therapie versucht man, das Bewußtsein zu

erweitern, so daß nach und nach immer mehr vom Unbewußten bewußt wird.

Das Modell – Es, Ich und Über-Ich

Nach den Ebenen des Bewußtseins stellte Freud ein Modell
der Persönlichkeit auf, um die Phänomene, die er bei seinen Patienten beobachtet hat, beschreiben und erklären zu
können.

Dieses Modell differenzierte drei Bereiche der Persönlichkeit. Die beste Zeichnung dieses Modells, die mir bekannt ist, wurde von Smith und Vetter veröffentlicht.

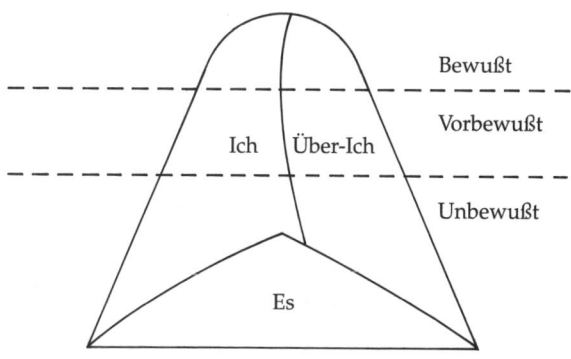

Abbildung 1: Nach Smith, Barry D. und Vetter, Harold J.: Theore-
tical Approaches to Personality. Prentice-Hall, Englewood Cliffs,
N.J. 1982, S. 34.

Der erste Teil der Persönlichkeit, der sich entwickelt,
wurde *Es* genannt. Das Es entwickelt sich aus instinktivem
Verhalten und Reflexen. Dieser Teil der Persönlichkeit wird
vom Lustprinzip beherrscht, das heißt Impulse, die aus
dem Es entstehen, wollen sofort befriedigt werden.

Freud übernahm die Idee, diesen Teil der Persönlichkeit
als Es zu bezeichnen, von Groddeck, einem zeitgenössi-

schen Kollegen. Die Idee eines unbewußten, triebhaften Teils der Persönlichkeit stammt wahrscheinlich aus der Antike, vom griechischen Philosophen Platon (428-348 v. Chr.). In seinen Schriften über den Staat schrieb Platon schon vor über 2300 Jahren – in einem Kapitel über den philosophischen Herrscher –, daß auch in dem besten und edelsten Menschen eine impulsive, unbeherrschte und unzivilisierte Bestie wohnt, die zu äußerst unmoralischen und unmenschlichen Taten fähig ist. Sie ist nach Platon sogar imstande, mit der eigenen Mutter sexuell zu verkehren oder auch jede andere Untat zu begehen. Diese in uns wohnende Bestie erscheint in unseren Träumen.

Der nächste Teil der Persönlichkeit, der sich aus dem Es entwickelt, ist das *Ich*. Das Ich ist der Teil unserer Persönlichkeit, von dem wir sagen würden: »So bin ich. Das bin ich!« Andere Theoretiker reden vom »Selbst«. Das Ich ist der *Manager* im Freudschen Persönlichkeitsmodell. Es muß dafür Sorge tragen, daß die Bedürfnisse befriedigt werden. Es folgt dem sogenannten Realitätsprinzip, das heißt, das Ich muß die Bedürfnisse des Persönlichkeitssystems mit der Realität der Umwelt in Einklang bringen. Es »verhandelt« mit der Außenwelt.

Der dritte Teil des Persönlichkeitsmodells ist das *Über-Ich*, das sich erst nach dem Es und dem Ich entwickelt. Dieser Teil steht in gewissem Sinn buchstäblich über dem Ich. Das Über-Ich ist der Vertreter der Normen, Regeln und Sanktionen der Gesellschaft. Es steht somit über uns. Normalerweise wird uns dieser Teil durch unsere Eltern weitergegeben. Es ist das Resultat von Sozialisationsprozessen, durch die man lernt, auch moralische Entscheidungen zu treffen.

Der Leser, der sich weiter in die psychoanalytische Theorie vertiefen möchte, sollte wissen, daß es in der internationalen Literatur Übersetzungsprobleme hinsichtlich der Konzepte Es, Ich und Über-Ich gibt, die wiederum auf den deutschsprachigen Raum zurückwirken. Das Problem fängt mit der englischen Übersetzung an. Die englischen

Übersetzer waren Ärzte, die den Zugang zur Psychoanalyse und psychoanalytischen Theorie ausschließlich den Medizinern vorbehalten wollten. Sie betrachteten die Psychoanalyse als Gegenstand der Medizin. Es war nicht das erste und nicht das letzte Mal, daß Mediziner so gedacht haben. Auf jeden Fall haben sie nicht die deutschen Begriffe ins Englische übersetzt, sondern lateinische Bezeichnungen gewählt. Aus dem Es wurde Id. Was bedeutet »Id« auf Englisch? Sie können lang suchen. Es hat keine Bedeutung. Soweit ich weiß, kommt der Begriff überhaupt nur zweimal vor: in einem Comic-Streifen »The Wizard of ID« und als Titel eines Zukunftsromanes. In beiden Beispielen sind das jedoch Anspielungen auf Freuds Es beziehungsweise Id.

Freud selbst war ein sehr gebildeter Mann mit einer für seine Zeit typisch humanistischen Ausbildung. Er konnte neben seiner deutschen Muttersprache auch Französisch, Englisch, Italienisch, Latein und Griechisch. Hätte Freud lateinische Begriffe verwenden wollen, hätte er dieses auch problemlos gekonnt. Außerdem hatte Freud einen ausgezeichneten Schreibstil. Er wollte allgemein verständlich sein, nicht nur für die Ärzte.

Das Ich wurde mit »Ego« übersetzt. Ausdrücke wie Egozentrik, Egoist, Ego-Trip usw. sind seit den englischen Übersetzungen von Freuds Werken populär.

Das hat Folgen. Diese Übersetzer haben erreicht, daß man im Englischen ein Ego haben kann, das mit einem selbst nur noch am Rande zu tun hat. Wenn man verbal verletzt (z.B. beleidigt) wird, sagt man heute gern: »Mein Ego ist verletzt worden.« Beachten Sie, daß dies in der dritten Person gesagt wurde. Es ist, als ob ich sagte, jemand habe mein Auto beschädigt. Zwar ist das für mich ärgerlich, aber »ich selbst« bin nicht verletzt, nur mein Auto beziehungsweise Ego. Also Sachschaden.

Diese Fehl-Übersetzung war nicht nötig. Auf Französisch heißt es auch »Le moi«, im Spanischen »El yo«. Wo Freud sich im Deutschen klar und dichterisch schön ausdrückt, ist er im Englischen oft schwierig zu verstehen.

Diese und viele andere Übersetzungsfehler haben auch die deutsche Literatur zu diesen Themen seither beeinflußt. Freud war entsetzt, weil er die Übersetzungsfehler erkannt hatte. Aber er war zu dieser Zeit nicht mehr der Jüngste, und ihm fehlte die Kraft für die Auseinandersetzung. Außerdem war die American Psychoanalytic Association damals eine der kleinsten psychoanalytischen Gesellschaften der Welt, und Amerika war so weit weg. Freud konnte nicht ahnen, daß das »Dritte Reich« kommen würde und daß viele Psychoanalytiker deswegen den deutschsprachigen Raum verlassen mußten. Viele gingen nach Amerika. Nach dem Krieg war die amerikanische psychoanalytische Gesellschaft die größte von allen und gemeinsam mit England, Kanada und Australien für die Verständigung mit Kollegen auf die genannte Übersetzung angewiesen. Inzwischen ist im englischsprachigen Raum so viel zur psychoanalytischen Theorie geschrieben worden, daß diese auch in manch anderer Hinsicht mangelhafte Übersetzung auf den deutschsprachigen Raum zurückwirkt. Nicht nur auf diesen; aufgrund der gleichen Einflüsse haben auch die Spanier inzwischen »El ego«, die Franzosen »L'ego« akzeptiert. Psychoanalytiker haben manchmal Probleme, einander zu verstehen. Ein Teil des Problems ist, daß sie Freud in unterschiedlichen Versionen gelesen und gedeutet haben.

Die Entwicklung der Persönlichkeit

Neben seinem Persönlichkeitsmodell arbeitete Freud ein Stufenmodell der (psychosexuellen) Entwicklung der Persönlichkeit aus. Bedürfnisse, die wiederum mit Energien verbunden sind, werden in jeder Stufe anders behandelt und befriedigt. Freud hat zwei Formen von Energien im Organismus beschrieben.

Die Energien: Libido und Thanatos

Die »Libido« stellt eine Energie dar, die mit lebensgebenden Prozessen zu tun hat. Sie ist eine aufbauende Energie, konstruktiv und fördernd. Sie ist auch eine erotogene, das heißt Erotik erzeugende Energie. Dies muß so sein, denn Erotik und Sexualität sind auf die Erhaltung der Art, auf Reproduktion, Kreieren und Aufbauen neuen Lebens gerichtet. In diesem Sinne ist der Zusammenhang zwischen Sexualität und Libido-Energie logisch und natürlich.

Die zweite Art von Energie nannte er »Thanatos«, eine aggressive, zerstörerische Form, die mit dem Tod verbunden ist. Für unsere Zwecke brauchen wir uns nicht weiter mit dieser Energie zu beschäftigen. Auch Freud hat sich mit ihr weniger auseinandergesetzt als mit der Libido. Der Vollständigkeit halber sollte sie zumindest erwähnt werden.

Phasen der psychosexuellen Entwicklung

Die Libido entspringt unserem primitivsten, ursprünglichsten Teil, dem Es. Sie ist eine Energie, eine Kraft, die befriedigt werden muß. Sie will sogar sofort befriedigt werden.

Freud meinte, daß die Libido-Energie durch verschiedene Körperzonen befriedigt wird, während der Mensch bestimmte Entwicklungsstufen durchläuft. In jeder Entwicklungsstufe wird eine andere Körperzone primäres Ziel für die Befriedigung der Libido. Die unterschiedlichen Phasen der psychosexuellen Entwicklung werden nach diesen verschiedenen Körperregionen benannt.

Orale Phase

Die erste Phase ist die *orale*. Von der Geburt an (vielleicht auch schon davor) ungefähr bis zum zweiten Lebensjahr neigt der Organismus dazu, die Libido durch den Mund zu befriedigen, deshalb »orale« Phase der psychosexuellen Entwicklung. Im allgemeinen entdecken Kinder in diesem

Alter ihre Welt durch den Mund. Alles wird in den Mund genommen, um es »lutschend« zu untersuchen.

Das Lutschen ist ein inneres, angeborenes Reflexverhalten. Niemand muß dem *Säugling* zeigen, wie man saugt oder lutscht. Das Kind wird mit einem genetisch vorprogrammierten Verhaltensmuster für das Saugen geboren. Man muß nur das Neugeborene an der Wange in der Nähe des Mundes berühren, und es wird seinen Kopf in diese Richtung drehen und den Mund spitzen. Das ist das Brustsuchen. Es wird dann versuchen, den Gegenstand, der die Wange berührt, mit seinen Lippen zu umfassen. Dieses wird normalerweise die Brust der Mutter sein, aber es könnte auch eine Flasche oder ein Finger sein, an der oder dem das Kind saugt. Obwohl dies ein sehr komplexer Verhaltensablauf ist, muß er nicht gelernt werden. Das Kind macht es einfach. Durch das Saugen befriedigt das Kind die Libido. Man kann also sagen, daß das Saugen des Säuglings sexuelles Verhalten ist, weil diese lebensspendende Energie (Libido) dadurch befriedigt wird.

Freud wird manchmal beschuldigt, in jedes Verhalten »Sexuelles« hineinzuinterpretieren. Er hat sicherlich nicht gemeint, daß sich Säuglinge mit Geschlechtsverkehr beschäftigen. Indem sie aber Libido-Energie befriedigen, ist ihr Verhalten in diesem erweiterten Sinn erotisch und sexuell beziehungsweise libidinös. Die Form des libidinösen Verhaltens entspricht dem Stadium der körperlichen und geistigen Entwicklung des Kindes.

Anale Phase

Im Alter von etwa 2 bis 3 Jahren beginnt die zweite Stufe der Entwicklung des Kindes, die *anale* Phase. Die Altersangabe ist vage, da sich selbst die Experten über die genauen Alterseinteilungen nicht einig sind.

In diesem Alter lernen die Kinder, »sauber« zu werden, das heißt, ihren Schließmuskel und somit auch den Stuhlgang zu kontrollieren. Sie können ihren Stuhl zurückhalten oder auch gehen lassen. In diesem Alter spielen Kinder gern mit Erde und Schlamm, die theoretisch gesehen Ersatz sind für ihre Fäkalien, mit denen sie ebenso gerne spielen würden, wenn ihnen dies erlaubt wäre. Die kluge Mutter sorgt für abwaschbare Fingerfarben, die den gleichen Zweck erfüllen und mit annähernd gleicher Befriedigung eingesetzt werden können.

Die Befriedigung der Libido konzentriert sich in dieser Altersstufe um den After, auch Anus genannt, und seine Ausscheidungen. Auch dieses Spielen mit Kot stellt ein libidinöses, altersentsprechendes Verhalten dar und damit in diesem Sinne ebenso sexuellen Charakter wie das Saugen in der oralen Phase.

Phallische Phase

Der Namen dieser Phase bezieht sich auf den Phallus beziehungsweise den Penis. Aus heutiger Sicht gibt es keinen guten Grund, diese Phase so zu nennen. Man hätte sie ebenso klitorale oder vaginale Phase nennen können.

Die *phallische* Phase betrifft ungefähr die Altersgruppe von 4 bis 6 Jahren. Aus der Sicht der psychoanalytischen Theorie ist dies eine sehr komplizierte Phase des Lebens.

Ödipuskomplex: Bis zur phallischen Phase orientieren sich sowohl Jungen wie Mädchen an der Mutter. Sie folgen ihr überall hin, hängen an ihrem Rockzipfel und ahmen sie nach. Während dieser Phase fangen die Jungen an, mit den Vätern um die Liebe der Mutter zu rivalisieren. Die Jungen wollen, ebenso wie der Vater, die Mutter »besitzen«. Durch diesen Rivalitätsprozeß fangen die Jungen an, mehr und mehr Eigenschaften und Verhaltensweisen des Vaters anzunehmen. Die Jungen versuchen, wie ihr väterlicher Rivale zu sein. Das wird Identifizierung genannt, das heiß, der Junge verinnerlicht die Verhaltensweisen des Vaters, um so zu sein wie er. Es ist so, als ob er sich mit dem »Feind« identifizieren würde, um die Gunst und Aufmerksamkeit der Mutter zu gewinnen. Der Theorie nach befürchtet der

Junge sogar, daß der übermächtige Konkurrent versuchen könnte, die Quelle der Rivalität, nämlich die »Männlichkeit« des Jungen, den Penis, zu eliminieren. (Bei Mädchen und Frauen hat er gesehen, daß manche Menschen wirklich ohne Penis sind.) Das bezeichnet man als Kastrationskomplex, der ein Teil des Ödipuskomplexes ist.

Der Name Ödipuskomplex geht auf eine griechische Tragödie von Sophokles zurück. Die Geschichte trug sich ungefähr so zu: Bevor Ödipus geboren wurde, hatte das Orakel vorausgesagt, daß er seinen Vater töten und seine Mutter heiraten würde. Der Junge wurde daher sofort nach der Geburt einem Sklaven übergeben mit dem Befehl, ihn zu töten. Der Sklave brachte es nicht übers Herz, den Jungen umzubringen, und gab ihn weg in ein fremdes Land. Als Ödipus erfuhr, daß seine richtigen Eltern in Theben lebten, machte er sich auf den Weg. Unterwegs begegnete er einem älteren, hochrangigen Mann. Auf der Straße blockierten sie sich gegenseitig, konnten sich nicht einigen, und es kam zum Kampf. Dabei erschlug der junge Mann den älteren. Als Ödipus die Stadt Theben erreichte, fand er die Stadt in Trauer vor, weil der König gestorben war. In dieser Stadt gelangte er später zu Ansehen und heiratete die Königswitwe. Als er dann erfuhr, daß er damals in Wirklichkeit seinen eigenen Vater im Kampf getötet und später seine eigene Mutter geheiratet hatte, blendete er sich zur Strafe selbst.

Elektrakomplex: Das Pendant zum Ödipuskomplex ist der Elektrakomplex beim Mädchen. Diese Idee entstammt ebenfalls einer griechischen Tragödie, in der Elektras Mutter, Klytämnestra, den Tod des Vaters Agamemnon veranlaßt. Um den Tod des Vaters zu rächen, überredet Elektra ihren Bruder, die Mutter töten zu lassen.

Während der phallischen Phase will das Mädchen auch, wie der Junge, die Mutter lieben, kann dieses nicht in gleicher Weise wie der Vater, weil ihr das »Instrumentarium« fehlt. Unbewußt macht sie die Mutter dafür verantwortlich, daß sie keinen Penis hat, während sie hofft, vom Vater einen zu bekommen. Eine Rivalität um die Liebe des Vaters beginnt zwischen Tochter und Mutter. Das Mädchen will vom Vater so geliebt werden, wie er auch die Mutter liebt.

Penisneid: Das Konzept des Penisneides beruht auf der Annahme, daß Mädchen unglücklich über ihr Schicksal sind und sich einen Penis wünschen. All diese Konzepte, Ödipus- und Elektrakomplex sowie Kastrationsangt und besonders Penisneid, werden, vor allem innerhalb der Frauenbewegungen, äußerst kontrovers diskutiert. Trotz einiger Punkte, die in Frage gestellt werden können, glaube ich, daß der Penisneid in unserer Gesellschaft offen und realistisch betrachtet werden muß, auch wenn die Realität nicht gefällt.

Nehmen wir an, zwei Kinder spielen miteinander. Eines hat ein Spielzeug, das andere nicht. Wie fühlt sich dann das Kind ohne Spielzeug? Es will auch eines. Das eine Kind wird auf das Spielzeug des anderen neidisch sein.

In unserer Kultur genießen Jungen immer noch gewisse Vorteile gegenüber Mädchen. Wie sehr die Jungen anders behandelt werden im Vergleich zu den Mädchen, zeigt sich zum Beispiel daran, daß im Sommer kleinen Jungen eher erlaubt wird, sich nackt zu zeigen. In anderen (vor allem in außereuropäischen) Ländern ist die unterschiedliche Behandlung noch viel stärker sichtbar.

Wenn einer der Jungen »pinkeln« muß, geht er möglicherweise hinter einen Busch. Ein Mädchen wird eher ins Haus gehen, um die Toilette zu benutzen. Es wird vielleicht sogar klagen, nicht draußen pinkeln zu dürfen wie die Jungen. Viele andere alltägliche Erfahrungen in unserer Gesellschaft können einem Mädchen das Gefühl geben, im Vergleich zu einem Jungen weniger »wertvoll« zu sein. Das Konzept des Penisneids ist in unserer Gesellschaft nicht unbegründet, es spiegelt eine Realität wider. Ein Mädchen ist nicht unbedingt auf den Penis selbst, sondern vielmehr auf die Vorzüge, die sich daraus ergeben, neidisch. Mütter halten ihre Söhne sogar anders im Arm als ihre Töchter, wie neuere Untersuchungen gezeigt haben.

Jungen und Männer haben Privilegien, weil sie männlich sind, und männlich bedeutet »mit Penis«. Die Tatsache, daß weibliche Personen in fast jeder Beziehung stärker sind und mehr Ausdauer haben als Männer, daß Frauen auch Fortpflanzungsorgane haben, nur eben im Körperinneren, hilft dem kleinen Mädchen nicht mehr, dem verboten wird, nackt zu baden, während die Jungen hinter dem nächsten Baum pinkeln, das nähen und lesen muß, während die Jungen draußen herumspringen und sich »schön« dreckig machen, das kein Spielzeug-Organ hat, mit dem es spielen darf, das als Mädchen ein »es« ist, während die Jungen »er« sind.

Vaginaneid: Obwohl darüber seltener gesprochen wird als über den Penisneid, ist der Vaginaneid wahrscheinlich ein weit verbreitetes Phänomen. Verschiedene Gründe sprechen dafür, daß es einen Vaginaneid der Männer gibt.

Ein Grund kann das physiologisch wahrhaftig unersättliche orgasmische Potential der Frauen sein. Physiologisch gesehen können Frauen unendlich viele Orgasmen haben, während jeder Mann sehr bald seine Grenzen spüren wird. Jede Frau wird selbstverständlich irgendwann körperlich erschöpft sein und daher aufhören. Dies »unerschöpfliche« orgasmische Potential der Frauen kann für den großen »Macho«, der nach einem Orgasmus nicht sofort eine zweite Erektion bekommen kann, ein schwerer Schlag sein. Denkbar ist auch, daß gerade wegen dieses orgasmischen Potentials, das vielen Männern Angst macht, die Frauen über Jahrtausende unterdrückt wurden.

Ein weiterer Grund zum Neid kann die Tatsache sein, daß Frauen im Durchschnitt sieben Jahre länger leben als Männer.[5]

Im allgemeinen sind Frauen, abgesehen von der absoluten kurzfristig einsetzbaren Muskelkraft, bezogen auf ihr

---

5 Die Tendenz geht in Richtung eines noch größeren Unterschieds. Die Diskrepanz vergrößert sich jedoch nicht mehr so schnell wie früher.

Körpergewicht stärker und haben mehr Ausdauer als Männer. Schwangerschaft und Geburt ausgenommen, die in den Industrieländern immer weniger gefährlich werden, sind die Männer von der Zeugung an in jedem Lebensalter anfälliger für Krankheiten und vorzeitigen Tod als die Frauen. Im Vergleich werden Frauen im Alter relativ stärker, die Männer relativ schwächer.

Viele Männer beneiden die Frauen um ihre biologische Fähigkeit, Leben auszutragen und Kinder zu gebären. Das Phänomen der Couvade, bei der Männer die gleichen Schmerzen spüren wie die Frauen bei der Geburt, zeugt von der Identifikation der Männer mit der Geburten-Rolle der Frau.

Latenzperiode

Zwischen 7 und 11 Jahren durchläuft das Kind die sogenannte *Latenzperiode*. Sie heißt so, weil in dieser Zeit hinsichtlich der psychosexuellen Entwicklung nicht viel passiert. Dies ist eine Zeit, in der Kinder sich stärker intellektuell (kognitiv) entwickeln, in die Schule kommen und die Fertigkeiten lernen, die die Gesellschaft von ihnen erwartet.

Die psychoanalytische Theorie hat über die kognitive Entwicklung nicht viel auszusagen.[6]

Genitale Phase

Die letzte Stufe der psychosexuellen Entwicklung ist die *genitale* Phase. Sie bezieht sich auf den Jugendlichen zwischen 12 und etwa 18 Jahren, also auf junge Erwachsene. Während dieser Phase wird das Interesse an den Genita-

---

6 Der interessierte Leser sollte die Theorien zu den Stufen der kognitiven Entwicklung von Jean Piaget heranziehen. Piagets und Freuds Theorien sind nicht widersprüchlich, sondern sie laufen parallel und ergänzen einander.

lien wieder geweckt, diesmal jedoch gilt es dem sexuellen Fortpflanzungsverhalten. Freud würde sagen, daß der Jugendliche lernt, reife heterosexuelle Beziehungen einzugehen.

Manche werden fragen, warum unbedingt heterosexuelle Beziehungen. Man darf nicht vergessen, daß Freuds Ansichten aus einer viktorianischen Zeit mit sehr strengen, konservativen Moralvorstellungen stammen. Homosexualität als gleichberechtigte Form sexuellen Verhaltens wäre damals völlig inakzeptabel gewesen.

Was gilt als biologisch normal? Wäre Homosexualität genauso natürlich wie die Heterosexualität, wäre die Menschheit möglicherweise längst ausgestorben. Die Heterosexualität ist für das Überleben der Art, aber nicht des einzelnen, biologisch notwendig. Manchmal wird als Argument für die Natürlichkeit der Homosexualität behauptet, daß sie auch bei Tieren vorkommt. Aber domestizierte Tiere können alle unnatürlichen Eigenarten entwickeln, die Menschen auch haben, wie Neurosen und Übergewicht. Mir ist kein wissenschaftlicher Bericht über das Vorkommen von Homosexualität bei Tieren in ihrer natürlichen Umgebung bekannt. Ausnahmen bilden nur die Spiele der Jungtiere, die eine Art Vorübung für späteres Erwachsenenverhalten sind. Das sollte jedoch nicht entscheidend sein für jemanden, der geneigt ist, eine homosexuelle Beziehung einzugehen. Sie kann eine ebenso emotional erfüllende und reife Beziehung sein wie ein heterosexuelle. Außerdem verhalten sich Menschen sehr oft unnatürlich, oder ist Autofahren vielleicht natürlich? Die Homosexualität ist dennoch nicht biologisch natürlich im Sinne der psychoanalytischen Theorie. Deshalb sprach Freud von einer reifen heterosexuellen Beziehung.

Weitere Entwicklungen

Nach der genitalen Phase ist nach Freud die psychosexuelle Entwicklung beendet. Heute betrachtet die Psychologie die Entwicklung des Menschen als lebenslangen Prozeß, der erst mit dem Tod aufhört. Die heutige Entwicklungspsychologie beschäftigt sich mit dem Leben von der Empfängnis bis zum Tod. Dieses Thema würde jedoch den Rahmen dieses Buches sprengen.[7]

Ich-Abwehrmechanismen

Sie erinnern sich, daß das Es als primitive und unzivilisierte Bestie seine Triebe sofort zum Ausdruck bringen will. Das Ich kann entweder diese impulsiven Wünsche des Es gleich befriedigen, oder es muß sich gegen dieses »freche Es« wehren. Die Techniken, die das Ich benutzt, um sich zu wehren, nennen wir Ich-Abwehrmechanismen. Sie werden im folgenden noch einzeln erklärt.

Die gesamte Persönlichkeit ist ein dynamisches System, in dem alles in Bewegung ist. Alle Teile der Persönlichkeit haben Wünsche und das Bedürfnis, sich zu wehren. Die einzelnen Teile stellen gegenseitig Forderungen aneinander, die entweder befriedigt oder abgewehrt werden müssen.

Diese Abwehrmechanismen laufen automatisch und unbewußt ab, ohne daß wir sie bemerken. Das macht es so schwierig, mit ihnen umzugehen und zu erkennen, wann sie einsetzen. Sehr oft kommt es vor, daß jemand nicht merkt, daß er eigentlich Angst hat. Doch die Abwehrmechanismen, die man gelernt hat und bevorzugt, werden sofort unbewußt eingesetzt.

Stellen wir uns vor, ein Impuls aus dem Es drängt sich auf, beispielsweise der Drang nach Sex. Das Es könnte sagen: »Ich will Sex, und zwar sofort.« Das Ich könnte antworten: »Na schön, aber nicht jetzt und auch nicht hier. Wir

---

7   Für den interessierten Leser ist das Thema in anderen Büchern behandelt. Einen guten Einstieg bieten auch die Arbeiten von Erikson, besonders »Kindheit und Gesellschaft«, 1950.

sind doch in der Bibliothek! Das geht nicht.« Das Ich muß also eine Gelegenheit finden, dieses Bedürfnis des Es am passenden Ort und zur passenden Zeit zu befriedigen.

Das Über-Ich bekommt die Wünsche des Es mit. Ein sehr strenges und konservatives Über-Ich könnte antworten: »Was, Sex? Du weißt, daß Sex schmutzig und unsittlich ist. Nein, niemals laß' ich so etwas zu.« Das Ich muß sich wiederum auch gegen solch überstrenge Maßregelungen durch das Über-Ich wehren und doch eine Möglichkeit finden, allen »Parteien« irgendwie gerecht zu werden.

Stellen wir uns andererseits vor, diese Person hätte statt des strengen und sehr starken Über-Ichs ein sehr schwaches Über-Ich, dann hätte die Geschichte anders ausgehen können. Das Ich könnte antworten wie eben: »Na schön, aber nicht jetzt und auch nicht hier. Wir sind doch in der Bibliothek! Das geht nicht.« Das sehr schwache Über-Ich könnte aber zum Es sagen: »Warum nicht? Kein Problem, wir ziehen uns mit jemanden in die letzte Ecke zurück und ab geht's. Sex, toll! Überall, jederzeit, mit jedem.«

Die meisten von uns liegen irgendwo zwischen diesen Extremen. Die möglichen Beispiele für impulsives Verhalten sind vielfältig.

Es ist ein Teil des therapeutischen Prozesses, ja sogar eines der Ziele der Therapie, die Abwehrmechanismen, die man anzuwenden geneigt ist, aufzudecken. Dann können Änderungen im Verhalten eingeleitet werden.

Die nachfolgende Liste der Abwehrmechanismen stammt aus verschiedenen Quellen. Es gibt nicht »die« Liste, sondern verschiedene Meinungen, wie so eine Liste auszusehen hat. Jeder hat eine andere Zusammenstellung. Die Auswahl in diesem Buch ist so getroffen, daß der Leser auch dann, wenn er in anderen Büchern etwas zum Thema Abwehrmechanismen liest, gute alte Freunde erkennen müßte.

Verdrängung

Die Verdrängung ist der am häufigsten vorkommende Abwehrmechanismus und vielleicht auch der wichtigste. Verdrängung findet dann statt, wenn man einen Gedanken, eine Erinnerung, einen Wunsch oder ein Gefühl wegdrückt, weg aus dem Bewußtsein, tief hinunter ins Unbewußte, so daß wir nichts mehr davon wissen. Es ist weg, einfach weg. Wir alle verdrängen jeden Tag viel und haben tief im Inneren vieles, womit wir am liebsten nichts mehr zu tun hätten. All das geschieht unbewußt. Uns ist nicht bewußt, daß wir verdrängen. Wenn wir von unserer Verdrängung wüßten, dann wäre das eben keine Verdrängung mehr.

Es gibt dennoch Möglichkeiten zu erkennen, daß man verdrängt. Am besten schauen wir das anhand eines Beispiels an: Sie gehen mit einem guten Freund spazieren. Auf dem Weg treffen sie eine Bekannte, die Sie dem Freund vorstellen möchten. Der Name Ihres Freundes fällt Ihnen einfach nicht mehr ein, er ist weg, auf einmal nicht mehr im Bewußtsein. Eine peinliche Situation, die wir alle irgendwann schon erlebt haben. Wenn Ihnen der Name nicht mehr einfällt, haben Sie ihn wahrscheinlich verdrängt. Es gibt also Wissen, von dem Sie wissen, daß Sie es wissen, das Sie aber im Moment nicht »parat« haben. Selbstverständlich kenne ich den Namen meines Freundes, nur im Moment habe ich ihn nicht gewußt. Da es klar ist, daß Sie den Namen doch wissen müßten, kann man eine Verdrängung annehmen. Genau dann, wenn sozusagen ein »Loch« im Gedächtnis entsteht und Sie hätten wissen müssen, was in das Loch gehört, auch wenn Ihnen das »was« momentan nicht einfällt, handelt es sich um Verdrängung.

Es ist wichtig, hier zu unterscheiden: Wenn Sie den Namen im besagten Moment zwar wußten, ihn aber nicht aussprechen wollten, haben Sie ihn nicht verdrängt, sondern geschummelt, gelogen oder sonst etwas.

Warum sollte man denn den Namen des Freundes nicht

erinnern? Nur Sie wissen das. Vielleicht gefiel Ihnen die Bekannte so sehr, daß Sie Angst hatten, sie jemandem vorzustellen, das heißt, Sie wollten im Grunde (»unbewußt«) nicht, daß sie Ihrem Freund vorgestellt wird, konnten also den Namen auch nicht weitergeben. Denkbar ist auch, daß Sie gerade auf Ihren Freund »sauer« waren und ihn dadurch bestraft haben, daß Sie seinen Namen nicht mehr wußten. Möglicherweise wollten Sie Ihren Freund auch nur vor einer Ihnen sehr unangenehmen Bekannten schützen. Vielleicht haben Sie in dem Moment Ihren Freund so sehr gebraucht, daß Sie ihn mit niemandem teilen wollten. Nur Sie wissen, ob etwas davon stimmt. Vielleicht gab es auch andere Gründe. Aber auf gar keinen Fall war es nur »einfach vergessen«.

In der Therapie versucht man nicht nur herauszufinden, warum man in solchen Momenten verdrängt, sondern auch, was man über Jahre hinweg seit der Kindheit verdrängt. Denn diese lang verdrängten Bedürfnisse aus der Kindheit bewegen uns unbewußt heute noch und beeinflussen unser tägliches Verhalten, ohne daß wir es merken.

Projektion

Projektion findet dann statt, wenn jemand Eigenschaften, die er an sich selbst ablehnt, auf jemand anderen überträgt wie der Projektor den Film auf die Leinwand.

Wer mit dem Finger auf jemanden zeigt, sollte beachten, daß drei andere Finger auf ihn selbst zielen. Man kann bei anderen nur solche Eigenschaften (wieder)erkennen, die man in irgendeiner Form auch bei sich selbst kennt. Auf Englisch sagt man: »It takes one to know one«.

Wenn Sie jemanden beschuldigen: »Du bist geizig!«, so meinen Sie vielleicht nur, daß der Mann zu sparsam mit seinem Geld umgeht. Geiz kennt aber jeder in irgendeiner Form von sich selbst. Man kann nämlich auch mit ganz anderen Dingen geizen. Vielleicht geizen Sie mit Ihrer Hilfe, auf die andere angewiesen sind, oder mit Ihrer Zeit, die Sie anderen widmen sollten. Manche geizen mit ihren Gefühlen, indem sie sie nie zeigen. Andere wollen alles für sich behalten und sind entsprechend auch körperlich chronisch verstopft. Vom »kollektiven Geiz« kann man sprechen, wenn Menschen in unsrer Gesellschaft Angst haben, den Wohlstand teilen zu müssen. Wie Sie sehen, kann man auf viele Arten geizig sein.

Projektion ist ein sehr häufiger und sehr wirksamer Abwehrmechanismus. Überlegen Sie nur: Wenn wir die Menschen in der Dritten Welt faul nennen, lenken wir nur davon ab, daß keiner von uns bereit wäre, so hart zu arbeiten wie sie.

In der Traumdeutung wird das Konzept der Projektion viel verwendet, indem man davon ausgeht, daß der Mensch vieles von sich selbst in den Traum projiziert.

Regression

Das Wort Regression (Rückschritt) bezieht sich auf die Rückkehr zu Verhaltensweisen, die für eine frühere (kindlichere) Entwicklungsphase typisch sind. Ein Beispiel, das vorkommt: Das einzige Kind einer Familie steht im Mittelpunkt und hat die ungeteilte Aufmerksamkeit seiner Eltern. Das Kind ist aus den Windeln. Dann wird ein neues Geschwisterchen in die Familie geboren, und auf einmal steht das neue Kind im Mittelpunkt. Das ist natürlich ein Verlust für das erste Kind. Das ältere Kind wird häufig anfangen zu wimmern und zu weinen, sogar sich wieder naß zu machen, um die Aufmerksamkeit der Eltern wiederzugewinnen. Das Kind *regrediert*, das heißt, es kehrt zu Verhaltensweisen zurück, die zu früheren Entwicklungsstufen passen. Vielleicht denkt das ältere Kind unbewußt: »Ich muß weinen und mich naß machen, um die gleiche Zuwendung wie das Baby zu bekommen.«

Regression muß nicht immer schlecht oder unpassend sein, sie kann auch sehr hilfreich und gesundheitsfördernd wirken. Ein Erwachsener, der unter extremer Spannung und Streß durch die Last der Verantwortung steht, könnte sich so verhalten, wie es in früheren Entwicklungsphasen für ihn üblich war. Diese Person könnte vorübergehend alle Verantwortung fallen und sich vom Partner verwöhnen lassen. Ein Mann könnte dann wieder die Rolle als »Muttis kleiner Junge« annehmen, eine Frau wieder »Vatis Mädchen« werden. So kann man sich dem alltäglichen Druck entziehen, wieder wie ein Kind sein und emotional entspannen. Dies kann dem sonst durchaus reifen Erwachsenen die Gelegenheit bieten, sich auszuruhen und zu erholen, um nach einer Weile die normale Erwachsenenrolle mit neuer Kraft und frischem Elan wiederaufzunehmen und die Verantwortungen des Erwachsenenlebens zu bewältigen. Diese Art Regression kommt häufig vor und ist normal. Wir erleben, wie Paare abwechselnd regredieren, wenn Erschöpfung und Überlastung an ihnen zehren. Das kann sehr gesund sein.

Regressives Verhalten kann auch in Form einer Krankheit, einer Erkältung, eines Hexenschusses oder anderer gewöhnlicher (meistens harmloser) Leiden vorkommen. Derartige Erkrankungen können einen Erwachsenen dazu bringen, seine Verantwortung vorübergehend abzugeben. Vielleicht muß er sogar ins Bett, um die Ruhe zu bekommen, die er braucht. Bleibt man in unserer Gesellschaft ohne erkennbaren Grund der Arbeit fern, bekommt man eine Menge Probleme, ist man aber krank (am besten amtlich bestätigt mit einer Arbeitsunfähigkeitsbescheinigung vom Arzt), hat man die gesetzliche und soziale Berechtigung, zu Hause zu bleiben, um in aller Ruhe zu regredieren.

Um Mißverständnissen vorzubeugen: Ich behaupte nicht, daß die Person vortäuscht, krank zu sein, und auch nicht, daß sie sich die Krankheit einbildet. Das tut sie nicht, jedenfalls nicht die Art Patient, die ich hier meine, denn sie kann wirklich krank sein, zum Beispiel eine Virusinfektion haben. Wir wissen, daß unser körperliches Abwehrsystem von Streßfaktoren stark beeinflußt wird. Aber vor allem erschöpfte, »angeschlagene« Personen sind für solche Viren oder andere Krankheitsauslöser anfällig. In diesem Sinne ist eine kurze Regressionsphase gesundheitserhaltend, um einen schweren körperlichen (oder psychischen) Zusammenbruch zu vermeiden.

Es ist denkbar, daß solches Krankheitsverhalten dazu beiträgt, daß Frauen, die statistisch nachweisbar öfter kleine »Wehwehchen« haben, länger leben.

Regression ist dann krankhaft, wenn sie nicht vorübergehend ist. Manche Leute sind chronisch regrediert. Sie bleiben in der Rolle der frühen Phasen und nehmen nie Verantwortung auf sich. Das sind keine »gesunden« Regressionen.

Verleugnung

Wenn man bestimmte Aspekte der Realität oder manche Wahrheiten im Leben nicht akzeptieren kann, sagen wir, daß man diese verleugnet. Wenn jemand einen geliebten Menschen verliert, so kann er sehr lange brauchen, bevor er in der Lage ist, diese Realität hinzunehmen. Man kann weiterleben, ohne daran zu glauben, daß der geliebte Mensch unwiederbringlich tot ist. »Das kann nicht wahr sein«, so könnte sich die Verleugnung ausdrücken, die gewöhnlich in den ersten Stunden nach einer persönlichen Katastrophe auftritt.

Wenn Eltern ein Kind verlieren, ist die Verleugnung manchmal so stark, daß sie das Kinderzimmer weiterhin in Ordnung halten, so als ob das Kind nur in die Ferien gefahren ist und in ein paar Wochen zurückkommen wird. Solche Eltern können die Tatsache, daß das Kind nie wiederkommen wird, nicht hinnehmen.

Ein Kind, dessen geliebtes Haustier gestorben ist, kann auch unfähig sein, den Tod des Tieres zu akzeptieren. Es spricht beispielsweise vom Hund, der zur Zeit einen Riesenspaß im Wald hat und bald zurückkommen wird.

Manchmal wollen wir Wahrheiten über uns selbst nicht akzeptieren. Es könnte sein, daß wir nicht akzeptieren wollen, daß wir bestimmte Arbeiten nicht so gut machen können wie andere. Manche Leute wollen ganz im Gegenteil nicht akzeptieren, daß sie eine Aufgabe sehr gut machen können. Sie verleugnen ihre Fähigkeiten. Vielleicht wollen sie damit der Verpflichtung, mit den Fähigkeiten etwas anfangen zu müssen, aus dem Wege gehen.

Wir verleugnen auch manchmal unsere Gefühle, weil wir bei unpassenden oder unerwünschten Gefühlen nicht wahrhaben wollen, daß wir eben doch so fühlen.

Rationalisierung

Dieser Abwehrmechanismus bedient sich aller möglichen Entschuldigungen und »vernünftigen« Argumente, um dabei behilflich zu sein, dem Schmerz der Wahrheit zu entkommen. Beispiel: Ihr ganzer Freundeskreis wird zu einem großen Fest eingeladen, Sie aber nicht. So etwas tut weh. Wer das nicht hinnehmen kann, könnte behaupten: »Ich wollte sowieso nicht hin. Solche Feste sind eh kein Spaß.«

Schüler und Studenten rationalisieren, wenn sie alle ihre Probleme beim Lernen auf den Lehrer schieben: »Er kann nicht gut erklären«, »Der ist komisch«. Vielleicht kennen Sie eher »Ich hatte keine Zeit für die Hausaufgaben«, »Ich habe mein Buch verloren«. Es gibt unendlich viele Rationalisierungen, die man erfinden kann, um den schmerzlichen Gedanken zu vermeiden, daß man selbst unzuverlässig war, sich nicht bemüht hat, die Aufgaben nicht verstanden hat, sich unerwünscht und unfähig fühlt.

Isolierung

Dies ist ein Abwehrmechanismus, bei dem man zwei oder mehr Gedanken oder Gefühle gleichzeitig hat, die miteinander unvereinbar sind. Dennoch bleiben diese beiden Gedanken getrennt voneinander im Kopf, als ob sie durch eine dünne Schicht Frischhaltefolie auseinandergehalten werden.

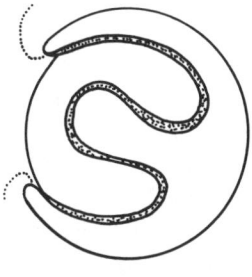

Abbildung 2

Die beiden ineinander verwobenen Figuren stellen jeweils einen Gedanken, ein Gefühl oder eine Grundhaltung dar. Beide bleiben zusammen, ohne sich jedoch vermischen zu können.

Ein Beispiel: Rechtsradikale, Neonazis und dergleichen sind gegen Ausländer, Aussiedler, Einwanderer, Dunkelhäutige und vieles mehr. Sie scheinen so ziemlich alles zu hassen, was nicht so ist wie sie selbst. Das ist eine Ideologie, eine Grundhaltung anderen Menschen gegenüber. Auf der anderen Seite behaupten solche Gruppen, sie seien Christen. Sie benutzen oft christliche Symbole und sind unter Umständen Kirchgänger. Der Ku Klux Klan in den USA verbrennt sogar Kreuze als Symbol seines Christseins. Diese Leute halten in ihren Köpfen den Fremdenhaß von ihrem Christsein völlig getrennt und merken überhaupt nicht, daß die beiden Ideologien ganz und gar unvereinbar sind. Wenn sie wirklich Christen wären und eine christliche Einstellung hätten, könnten sie niemals solche fanatischen, menschenhassenden Heuchler sein. Irgendwie, vielleicht mit Hilfe einer »geistigen Plastikfolie«, halten solche Menschen diese beiden unvereinbaren Konzepte getrennt. Für Menschen, die sich ein Leben lang für beide Ideologien eingesetzt haben, muß die Erkenntnis dieser Unvereinbarkeit unerträglich schmerzhaft sein. Wie Erich Fromm sagte: Sie haben die christliche Religion angenommen, ohne jemals Christen zu werden.

Der Abwehrmechanismus der Isolierung ist jedoch nicht auf politische Gruppierungen beschränkt, sondern kommt auch in unserem Alltag ständig vor. Er hilft uns, mit einigen der verwirrenden und widersprüchlichen Situationen, denen wir täglich begegnen, fertig zu werden. Wahrscheinlich müssen Sie nicht lange überlegen, bis Ihnen Widersprüche einfallen, mit denen Sie täglich leben.

Verschiebung

Wenn jemand seine aufgestaute Wut oder Frustration an jemand oder etwas anderem ausläßt, der oder das nicht Verursacher dieses angestauten Gefühls ist, sprechen wir von Verschiebung. Nehmen wir als Beispiel an, jemand hatte einen schwierigen Tag im Büro. Sogar sein Chef hat ihn angebrüllt. Er kann seine Wut nicht an seinem Chef auslassen, dafür ist die Angst zu groß. Er kann sich nicht einmal richtig aussprechen. Was tut er? Er fährt wie ein Irrer nach Hause. Bei dem geringfügigsten Anlaß schreit er seine Frau an, schlägt die Kinder und tritt den Hund. Dieser Mann mißbraucht seine Familie als Sündenbock. Nach einer Version einer uralten Geschichte wurde ein Bock im Ort aufgestellt, so daß die Menschen ihre Wut an ihm auslassen konnten.

Wenn Sie von jemandem »ohne ausreichenden Grund« so ähnlich traktiert werden, können Sie versuchen, innerlich einen Schritt zurückzutreten, um Distanz zu bekommen. Dann können Sie überlegen, was mit dieser Person gerade passiert ist, und versuchen, mit dem Betreffenden zu reden. »Wissen Sie, ich habe den Eindruck, daß Ihr Verhalten unangebracht ist. Es steht nicht im Verhältnis zu dem, was ich getan habe. Ich habe eher den Eindruck, daß Sie gerade an mir etwas ausgelassen haben, das einem anderen hätte gelten sollen. Was ist denn passiert?« Meine

Erfahrung ist, daß dann viele Leute plötzlich merken, wie sie sich verhalten haben, und sich entschuldigen. Vielleicht erklären sie dann auch, was ihnen wirklich passiert ist.

Im erwähnten Beispiel kann es auch sein, daß der Chef auch nur Zorn, der wiederum seinem Vorgesetzten oder seiner Frau hätte gelten sollen, auf den Angestellten verschoben hat.

Sublimierung

Diese ähnelt der Verschiebung und wird sogar von manchen Fachleuten als ein und dasselbe gesehen. Bei anderen Fachleuten wiederum sind die Definitionen unterschiedlich.

Wie bei der Verschiebung sind blockierte oder frustrierte Gefühle Voraussetzung für eine Sublimierung. Anstatt diese Gefühle an jemandem auszulassen, wie an dem Sündenbock, lenkt der Betroffene die Gefühle um und setzt sie für konstruktive, gesellschaftlich annehmbare Tätigkeiten ein. Der frustrierte Mann wird joggen oder sich der Gartenarbeit zuwenden. Mancher bekommt auch eine Arbeits- oder Putzwut.

Die konstruktive Umsetzung solch gestauter Gefühle, besonders der sexuellen, ist der Theorie nach die Grundlage für den Aufbau und die Entwicklung der Kultur.

Reaktionsbildung

Hier nimmt die Abwehr die Form einer Reaktion gegen etwas an, das der Mensch eigentlich fürchtet, beispielsweise einem eigenen Impuls oder ein eigenes Gefühl. Nehmen wir an, jemand hat Angst vor seinen eigenen erotischen und sexuellen Impulsen. Um solche Ängste zu bekämpfen, könnte man einen Standpunkt oder eine Haltung gegen solche Gefühle einnehmen. Eine Möglichkeit wäre, einem Komitee anzugehören, das erotische Filme, Bücher und ähnliches zensiert. Indem man in einem solchen Komitee arbeitet, hat man den Kampf gegen sexuelle Unsittlichkeit aufgenommen, und man wird in seiner Umgebung als Herr oder Frau Saubermann angesehen. Gleichzeitig, und das ist das Schöne an diesem Abwehrmechanismus, dürfen Herr und Frau Saubermann all die schmutzigen Filme sehen, weil sie ja angeblich die Gesellschaft von all diesem Schund befreien müssen.

Nicht bei jedem, der in solch einem Komitee mitwirkt, sind Reaktionsbildungen gegen die eigenen unsittlichen Triebe am Werke – aber bei manchen.

Es ist bekannt, daß manche Priester genüßlich die Sünden ihrer Schäfchen anhören, um sie anschließend davon lossprechen zu können. Auch hier kann eine Reaktionsbildung am Werk sein.

Menschen, die vor ihren unbewußten unsittlichen oder kriminellen Neigungen Angst haben, könnten den Beruf des Polizisten wählen, um gegen diese Neigungen anzukämpfen. Die beiden Seiten des Gesetzes trennt oft nur eine dünne Linie. Kriminelle und Polizisten benutzen oft ähnliche Technologien, verfügen über ähnliche Fertigkeiten und haben ähnliche Einstellungen. Manchmal ist es eine Sache des Glücks oder des Zufalls, auf welcher Seite sie letztlich stehen.

Bevor wir diesen Teil abschließen, möchte ich von der möglicherweise größten bürokratischen Reaktionsbildung der Geschichte berichten. Unter Reagan als Präsident der USA hat man es für nötig gehalten, eine Kampagne gegen die Pornographie zu starten. Dafür gründete man zunächst ein Komitee. Dieses Komitee sammelte alle die nach seinen selbst aufgestellten Kriterien in Frage kommenden Filme, Bücher, Zeitschriften, Schallplatten und vieles mehr. Jedes Stück wurde sorgfältig dokumentiert und die pornographischen Stellen ausführlich beschrieben. Das alles wurde vom U.S. Gouvernment Printing Office in einem Katalog veröffentlicht: Die ganze Pornographie des Landes in einem Katalog. Die gesamte Auflage von 50.000 Exemplaren war denn auch innerhalb von drei Tagen ausverkauft – ein herrliches Beispiel bürokratischer Reaktionsbildung, angeführt von konservativen Sittlichkeitskämpfern.

Konversionssyndrom

Dieser Begriff bezieht sich auf die Umwandlung eines emotionalen Komplexes in körperliche Symptome. Auch hier haben wir es mit einem Begriff zu tun, der von verschiedenen Autoren unterschiedlich verwendet wird. Im Grunde genommen ist es eine Art psychosomatischer Vorgang. Dabei wird ein primär emotionaler Konflikt in eine körperliche Störung umgewandelt. Da ein Körperteil dann nicht mehr richtig funktioniert, spricht man auch von funktionellen Störungen.

Ein klassisches Beispiel wäre jemand, der Augenzeuge einer furchtbaren Katastrophe war. »Ich kann's nicht mehr sehen«, mag er denken, »ich kann nicht mehr hinschauen, ich halt' es nicht mehr aus.« Eine funktionelle Störung oder ein Konversionssyndrom wäre dann eingetreten, wenn derjenige plötzlich oder auch langsam erblinden würde, ohne daß sich eine organische Störung, die Blindheit verursachen kann, finden ließe. Augen und Nerven sind in Ordnung, aber die Augen funktionieren nicht, man sieht nichts.

Der Vater einer Frau stirbt. In den Tagen zwischen seinem Tod und der Beisetzung verliert die Frau ihre Gehfähigkeit. Sie kann nicht mehr laufen. Organisch, das heißt mit Muskeln und Nerven, ist alles bestens. Sie klagt ständig »Es geht nicht mehr, es geht nicht mehr!« In der darauffolgenden Therapie entdeckt sie das Gefühl, daß sie ohne den Vater nicht weiter leben kann: »Es geht nicht mehr.« Aber gehen bedeutet auch, die Beine zum Fortlaufen zu bewegen: »Es geht nicht mehr.« Ferner bedeutet »Es geht nicht mehr«, daß etwas nicht mehr funktioniert. Mit der Lähmung in den Beinen hat sie ihre ganzen Gefühle zum Ausdruck gebracht.

Eine funktionelle Störung kann mit Hypnose verändert

werden. Wenn eine Körperseite funktionell gestört ist, wäre es möglich, diese Störung auf die andere Seite zu verlegen und dann wieder zurück. Das geht bei einer organischen Störung natürlich nicht.

Fast jedes Organ oder jeder Körperteil kommt für eine solche Konversionshysterie in Frage. Die Funktionen des Hörens, Sehens, Tastens, Riechens und Sprechens sind aber am häufigsten betroffen.

Die Symptome werden nicht absichtlich produziert. Natürlich gibt es Menschen, die Krankheiten vortäuschen wollen, die sind hier aber nicht gemeint. Konversionssymptome sind unbewußte Abwehrmechanismen gegen eine Angst, die in einer Situation entsteht, die von dem Betreffenden nicht anders bewältigt werden kann, als daß er die Angst ins Körperliche verschiebt.

Den meisten »Wunderheilungen«, die wir aus der Bibel kennen, liegen wahrscheinlich genau solche funktionellen Störungen zugrunde. Oft wird in der Bibel berichtet, daß die Heilung mit Hilfe von »Handauflegen« geschah. Heute versteht man die Bedeutung der Beziehung zwischen Therapeut und Klient genauer. Wir wissen, daß die Persönlichkeit des Therapeuten und das vorhandene Vertrauen dazu beitragen können, die Angstsituation, die Verarbeitung der Situation und die körperlichen Symptome zu ändern. Manchmal reicht es wirklich, wenn eine Person, der man vertraut, einem die Hand auf die Schulter legt und zuversichtlich in die Zukunft schaut. Und da haben wir es wieder, das »Handauflegen«. Wenn diese Vertrauensperson für Sie persönlich Charisma hat und Sie an diese Person glauben, kann sie für Sie ein Heiler sein. Da braucht man keinen Propheten, keine Wunder, keine 2000 Jahre alten Geschichten. Die Heilung funktioneller Störungen geschieht heute täglich in Kliniken und Krankenhäusern rund um die Erde. Hätte der Blinde einen Schaden an seinem Sehnerv gehabt, dann hätte weder heute noch vor 2000 Jahren irgend jemand etwas tun können, um die Blindheit zu beheben.

Intellektualisierung

Leute, die in emotionale Schwierigkeiten geraten, die also einen Abwehrmechanismus brauchen, können sehr rational und logisch reden. Sie fangen an, emotionale Probleme sehr theoretisch zu besprechen. Sie fachsimpeln über ihre Probleme und eliminieren dabei jegliche Emotionalität, so daß sie die Konfrontation mit ihren Gefühlen vermeiden. Das nennt man Intellektualisierung. Erkennen kann man diesen Abwehrmechanismus an der Art der Argumentation und an einer Stimme, die kalt wird wie Metall.

Ungeschehenmachen und Wiedergutmachen

Wenn jemand etwas tut, wünscht oder denkt, was ihm anschließend ein schlechtes Gewissen verursacht, kann er versuchen, das Geschehene rückgängig zu machen, als ob es nie geschehen wäre.

Eine Angestellte beleidigt ihre Kollegin im Büro. Am nächsten Tag ist die Angestellte heiter und freundlich zu ihrer Kollegin, als ob am Vortag nichts gewesen sei. Sie tut, als ob nichts geschehen wäre.

Dieses Konzept hat in der englischen Sprache Probleme verursacht, die dann auf den deutschen Sprachraum zurückwirkten: Es wurde mit »Undoing« übersetzt. An einem Knoten können wir den Unterschied erkennen: Man macht einen Knoten, »Undoing« bedeutet aufschnüren, aufdröseln, den Knoten aufmachen. Ungeschehenmachen jedoch bedeutet so zu tun, als ob es nie einen Knoten gegeben hätte. Wir scheinen also nicht nur mit einer schlechten Übersetzung geplagt zu sein, sondern mit zwei verschiedenen Abwehrmechanismen, die auseinandergehalten werden müssen. Die Angestellte im obigen Beispiel hätte am nächsten Tag ihrer Kollegin Blumen mitbringen und sich für ihr Benehmen entschuldigen können. Das wäre eine Wiedergutmachung, ein gewisses »Undoing«.

Die katholische Kirche weiß seit Hunderten von Jahren diesen Mechanismus geschickt einzusetzen. Wenn man gesündigt hat, beichtet man und tut Buße, in manchen Ländern gibt man der Kirche eine entsprechende Geldsumme. Damit sind die Sünden vergeben, für den Sünder quasi wieder gut- oder sogar ungeschehen gemacht.

Verschiedene nicht klassische Abwehrmechanismen

Bis jetzt haben wir Abwehrmechanismen untersucht, die bei Psychoanalytikern und anderen Therapeuten mehr oder weniger Tradition haben. Im folgenden werden einige zusätzliche Mechanismen beschrieben, die weniger »klassisch« sind«. Deshalb könnten sie noch mehr Diskussionen als die vorherigen hervorrufen und zu noch weniger Übereinstimmung unter den Debattierenden führen. Nichtsdestoweniger sind diese Verhaltensweisen durchaus nützlich, um sich vor Ängsten zu schützen. Falls Sie ihre bevorzugte Abwehr nicht dabei finden, setzen Sie sie einfach dazu. Es gibt unendlich viele Abwehrmechanismen.

Vermeidung: Haben Sie Angst vor einer Prüfung? Ja, gehen Sie der Sache nur aus dem Weg. Haben Sie einfach keine Zeit, sich für die Prüfung anzumelden, keine Zeit zum Lernen und finden Sie einen Grund (z.B. Krankheit), weshalb Sie letztlich nicht zur Prüfung gegen können.

Haben Sie je gemerkt, wie einfach es ist, Schwierigkeiten aus dem Weg zu gehen? Das ist Vermeidung. Sobald Sie den Mut bekommen, sich mit den Problemen zu konfrontieren, sobald Sie lernen, wie Sie sie bewältigen können, werden Sie es tun. Sie werden sehen, wie sehr Sie dadurch wachsen, denn Vermeidung ist ein Wachstumshemmer.

Viele Ärzte vermeiden es, ihren Patienten unangenehme Fakten mitzuteilen, beispielsweise die Wahrheit über eine tödliche Erkrankung. Sie rationalisieren ihre Vermeidung mit dem Argument, daß die Patienten die Wahrheit nicht wissen *wollen*. Man muß sich fragen, woher die Ärzte das wissen wollen. Meistens ahnen die Patienten die Wahrheit sowieso. Nein, der Arzt ist es, der vermeiden will, weil er

Angst hat vor der Reaktion des Patienten, Angst vor starken Gefühlsäußerungen, vor Weinen, Zorn, Verzweiflung. Patienten spüren oft die Angst des Arztes und seinen Wunsch nach ihrem angeblichen Nicht-wissen-Wollen dessen, was sie schon ahnen. Folgen sie seinem Wunsch, helfen sie dem Arzt, sich vor seiner Angst zu schützen.

Einschlafen: Ehepartner kennen diesen Mechanismus gut. Wollen Sie nicht hören, was der Partner an Unangenehmem zu sagen hat, schlafen Sie doch ein. Sie hören kaum noch etwas, und es ist erfrischend. Einschlafen ist auch ein sehr effektiver Weg, dem unerwünschten Beischlaf zu entgehen. Aber unterscheiden Sie vorsichtig zwischen jemandem, der wirklich müde ist, und jemandem, der sich entziehen will.

Gegenstände verlegen: Sie wollen nicht zur Arbeit, weil Ihnen eine unangenehme Aufgabe bevorsteht. Kein Problem: Verlieren Sie Ihre Autoschlüssel. Sie finden sie einfach nicht mehr. Wenn Sie lange genug warten, bevor Sie die Schlüssel wiederfinden (wo immer sie auch sind, meistens dort, wo Sie selbst sie zuletzt hingelegt haben), werden Sie vielleicht zu spät ins Büro kommen. Es kann sein, daß jemand anderes Ihre Aufgabe übernehmen mußte.

Plötzliche Einfälle: Sie befinden sich in einer unangenehmen Unterhaltung. Man fängt an, Ihnen peinliche Fragen zu stellen. Plötzlich erinnern Sie sich an etwas ganz Wichtiges, das sofort erledigt werden muß. Sie sind gerettet.

Thema wechseln: Ähnlich wie gerade zuvor: Sie befinden sich in einer unangenehmen Unterhaltung. Man fängt an, Ihnen peinliche Fragen zu stellen. Plötzlich erinnern Sie sich an etwas ganz Wichtiges, das Sie sofort Ihrem Gesprächspartner sagen oder ihn fragen müssen. Thema gewechselt, wieder sind Sie gerettet.

Sich verirren: Sie haben einen Termin bei Ihrem Therapeuten. Sie wissen, daß heute einige unangenehme Dinge auf den Tisch kommen. Probleme, die Sie bis jetzt vor sich hergeschoben haben, die unbedingt bearbeitet werden müssen. Sie haben aber Angst davor. Auf dem Weg zu Ihrem Termin nehmen Sie die falsche Autobahnausfahrt und irren während des ganzen Termins durch die Gegend, um schließlich rechtzeitig zum Ende der Sitzung anzukommen. Sie sind gerettet, aber Sie sollten Verständnis haben, wenn Ihr Therapeut zukünftige Sitzungen im voraus bezahlt haben möchte.

Therapeutische Techniken in der Psychoanalyse

Wir sind an dem Punkt angelangt, wo wir uns der Therapie selbst zuwenden können. Um Therapie wirklich verstehen zu können, muß man sie erleben. So wie das Leben mehr ist als die Summe der Zellen, Zellkerne, Moleküle und Atome eines Organismus, ist Therapie mehr als alle Einzelheiten, die man dazu anführen kann. Dennoch wollen wir uns dem Therapie-Leben annähern, indem wir darstellen, was in einer psychoanalytischen Therapie steckt.

Im »klassischen« Setting ruht der Patient auf einer Liege, während der Therapeut neben ihm sitzt, mit dem Rücken zum Patienten. Der Therapeut soll gut zuhören und nicht durch den Anblick des Patienten abgelenkt werden. Auch der Patient soll sich besser entspannen und konzentrieren können, wenn der Therapeut wegschaut. Untersuchungen haben unterdessen gezeigt, daß der Therapeut mehr Auskunft durch das Beobachten gewinnt, sogar wenn er überhaupt nicht zuhört. Am meisten erfährt er über den Patienten, wenn er beobachtet *und* zuhört. Heutzutage sitzen daher Therapeut und Patient meistens einander gegenüber.

Was soll er hören und beobachten? Im folgenden sind einige Techniken beschrieben, die Therapeuten benutzen, um dem Patienten zu helfen, mehr von seinem Unbewußten zu erfahren.

Freie Assoziation

Mit dem freien Assoziieren versuchte Freud, einige Elemente des Unbewußten des Patienten zu erreichen. In diesem Fall legt sich der Patient auf die berühmte Couch. Er versucht einfach, das zu erzählen, was ihm einfällt. Es ist sehr wichtig, daß der Patient den Redefluß nicht unterbricht, um über das nachzudenken, was er gerade zu sagen hat. Er sollte sich auch nicht durch Überlegungen bremsen, ob das, was er sagt, sinnvoll oder logisch ist. Das ist egal. Es spielt bei der freien Assoziation keine Rolle, ob das, was man sagt, gut oder schlecht ist, ob schön oder häßlich, ob egoistisch, großzügig, altruistisch, göttlich oder unsittlich. Wichtig ist nur, daß man frei spricht, was auch immer einem in den Kopf kommt, ohne sich zu zensieren. Diese Informationen können Schlüssel zu sonst verborgenen unbewußten Gebieten des menschlichen Daseins sein.

Traumdeutung

Um die Träume deuten zu können, muß man sie auch verstehen. Sie *wirklich* verstehen, glaube ich, kann keiner. Der Träumer selbst kommt am ehesten dazu, weil Träume sehr persönlich sind. Eine »Deutung« muß den gesamten Hintergrund des Träumers erfassen, wie Artemidorus schon im 2. Jahrhundert nach Christus festgestellt hat.

Eine detaillierte Betrachtung der Träume finden Sie in »Wochenendlektüre Träume und Traumdeutung« vom selben Autor.

Psychopathologie des Alltags

Psychopathologien des Alltags sind eigentlich gar keine wirklichen Pathologien. Sie sind Fehlleistungen verschiedener Art, die eine psychische Ursache haben. Dadurch, daß sie ungewöhnlich und nicht beabsichtigt ist und daher nicht der Norm für das sonstige Verhalten entspricht, ist die Fehl-Leistung nicht »normal« und in diesem Sinn pathologisch, nicht im Sinne einer Krankheit. Es ist normal, Fehlleistungen zu produzieren. Das tun wir alle in Form von Unfällen, Versprechern, Ausrutschern und ähnlichem. Freuds Hypothese ist nun, daß die Fehlleistung ein Ausdruck eines unbewußten Impulses ist, der dem beabsichtigten Verhalten »in den Rücken fällt«. Die sogenannte Fehlleistung kann ein besserer Ausdruck dessen sein, was die Person eigentlich will und meint, als das bewußte, logisch aufgebaute, ordentliche Verhalten. Hier einige Beispiele:

In einer schwierigen Situation denkt der Mann »Wir müssen gut überlegen, was wir tun.« Er sagt gleichzeitig zu seinen Kameraden: »Wir müssen unsere Lage überleben.« Durch diesen Versprecher wird alles klar. Die Situation ist so ernst, daß der Mann nur empfand: Irgendwie müssen wir durchkommen, und viel zu überlegen gibt es möglicherweise nicht.

»Freudsche Fehlleistungen« können auch in der Form von Tipp- und Schreibfehlern vorkommen. Wenn Sie selbst einen Schreibfehler machen, nehmen Sie sich die Zeit, innezuhalten und die Antworten auf folgende Fragen zu überlegen: Es könnte Ihr »Überleben« bedeuten. Was haben Sie geschrieben? Was wollten Sie schreiben? Welchen Unterschied in der Bedeutung und im Gefühl macht das? Vielleicht lernen Sie etwas Neues über sich selbst.

Unfälle sind unbeabsichtigte Verhaltensweisen oder Vorkommnisse. In hochtechnisierten Gesellschaften werden nur wenige Unfälle allein durch mechanische Fehler verursacht. Sogar bei Unfällen, an denen sehr komplexe Technologien beteiligt sind, findet man meistens einen menschlichen Fehler als Mitursache. Für die meisten Fälle kann man sagen, Unfälle passieren nicht, sondern werden von Menschen verursacht. Unbewußt handeln sie so, daß etwas auf der bewußten Ebene Unbeabsichtigtes passiert. Man müßte sich dann nach den unterschwelligen Beweggründen oder Konflikten fragen, die das Verhalten, das dann zum Unfall führte, veranlaßten. Warum hat jemand nicht richtig aufgepaßt? Warum ist jemand unvorsichtig gefahren? Warum ist etwas aus der Hand gerutscht? Warum hast Du nicht aufgepaßt, wo Du gehst? Warum hast Du nicht aufgepaßt, wo ich gehe?

Ein weiteres Verhalten, das zu den Pathologien des Alltags gehört, ist das Erzählen von Witzen und Anektoten – STOP! Ich schrieb Anektote, meinte natürlich Anekdoten. Selbstanalyse entdeckt: Während ich schreibe, beschäftigt mich der Tod eines Bekannten. Die Fehlleistung von mir war nicht geplant, sondern unbeabsichtigt. Ich lasse sie hier stehen als Beispiel für einen Tippfehler mit nicht profunder, aber tieferer Bedeutung.

Nun zurück zu den Witzen und Anekdoten. Die Art des Witzes oder der Geschichte, die man erzählt, kann Hinweise zu einem Teil des Unbewußten der entsprechenden Person geben. Ich sage absichtlich nicht, daß sie etwas über die Person verrät, bloßlegt, aufdeckt. Jeder hat Konflikte, Zweifel, Bedürfnisse, Frustrationen, Wünsche und Träume. Witze können sie ausdrücken.

Übertragung und Gegenübertragung

Die sogenannte Übertragung ist ein wichtiger Teil der psychoanalytischen Therapie. Sie ist eigentlich keine Technik, sondern ein in der therapeutischen Situation natürlich vorkommendes Phänomen, das für die Problembearbeitung ausgenutzt wird.

Patient und Therapeut lernen sich kennen. Während sich die Beziehung zwischen beiden vertieft, meint der Patient, allmählich Eigenschaften in seinem Therapeuten erkennen zu können, die eher auf eine andere Person in seinem Leben passen. Der Patient gewinnt den Eindruck, daß der Therapeut ähnlich wie sein Vater redet, ähnlich wie sein Bruder lächelt, ähnlich wie seine Mutter aussieht und vieles mehr. Diese Eigenschaften sind nicht unbedingt wirklich oder nicht so ausgeprägt beim Therapeuten zu finden. Dennoch hat der Therapeut bestimmt einige der

Eigenschaften, die vom Patient gesehen werden, seine Vorstellungen werden also ein Körnchen Wahrheit enthalten. Wesentlich ist, daß der Patient solche Eigenschaften zu erkennen meint. Sie sind für ihn subjektiv wichtig, sie haben in seinem Leben irgendeine wichtige Rolle im Zusammenhang mit einem anderen Menschen gespielt. Meistens waren es wichtige, nahestehende Personen im Leben des Patienten, die solche Eigenschaften hatten. Dadurch, daß in der subjektiven Sicht seines Patienten der Therapeut diese Eigenschaften auch hat, kann der Patient die Probleme bearbeiten, die mit diesen anderen Personen in seinem bisherigen Leben in Zusammenhang stehen. Dieses ist gut so und wichtig für die erfolgreiche psychoanalytische Therapie.

Der psychoanalytische Therapeut wird wahrscheinlich die Redeweise des Vaters in dem obigen Beispiel für einen wichtigen symbolischen Hinweis halten, der Aufschluß gibt über unbewußte Gedanken, Gefühle oder Wünsche gegenüber dem Vater.

Hier besteht nun eine Gefahr für die Therapie. Der Therapeut muß in der Lage sein zu erkennen, daß die ihm zugewandten Gefühle nicht wirklich dem Therapeuten gelten, sondern beispielsweise dem möglicherweise längst verschollenen Vater des Patienten. Der Patient soll diese Gefühle durcharbeiten, das heißt erkennen, woher sie kommen, wie sie auf ihn wirken und wie sie sein Verhalten immer wieder beeinflussen. Verheerend ist es, wenn der Therapeut glaubt, daß die Gefühle wirklich ihm gelten.

Die Problematik wird noch komplexer, sie verstärkt sich durch die sogenannte Gegenübertragung. In diesem Fall glaubt der Therapeut Eigenschaften in seinem Patienten zu sehen, die eher zu jemandem in seinem eigenen sonstigen Leben passen, vielleicht Eigenschaften seiner Eltern, Geschwister, Kinder, Freunde oder Lehrer. Es ist Aufgabe des Therapeuten und ein zentraler Teil seiner Ausbildung zu erkennen, welche dieser Eigenschaften seinen Patienten und welche seinem eigenen Leben zuzuordnen sind.

Stellen Sie sich vor, jemand drückt seine erotischen Gefühle für den Vater in der Therapie aus, und der Therapeut würde glauben, die wahre Liebe seines Lebens zu entdecken. Hier liegt eine starke Gefahr für den unzureichend ausgebildeten Therapeuten, der das Problem der Übertragung und Gegenübertragung nicht erkennt und selbst nicht rechtzeitig die Konsultation eines Kollegen (Supervision) sucht. Hier ist auch die Gefahr des sexuellen Mißbrauchs in der Therapie gegeben.

Wenn Therapeut und Patient Eigenschaften übertragen und gegenübertragen, die wechselseitig die Bedürfnisse beider ansprechen, und der Therapeut diese Situation nicht bewußt und vollständig im Griff hat, dann ist die Therapie außer Kontrolle geraten. In solch einem Fall stoßen zwei Menschen aufeinander, die nur ihre gegenseitigen Wünsche und Gefühle ausleben, ohne sie adäquat zu verarbeiten. Hier ist wiederum die Gefahr des gegenseitigen Mißbrauchs des besonderen Vertrauens und der Intimität der therapeutischen Situation gegeben. Nicht der Patient, aber der Therapeut sollte es besser wissen.

Für das Entstehen von Übertragung und Gegenübertragung ist es gleichgültig, ob Therapeut oder Patient weiblich oder männlich sind. Selbstverständlich wird das, was übertragen und gegenübertragen wird, je nach den Persönlichkeiten von Therapeut und Patient immer anders sein. Die Gefahren und die Verantwortung des Therapeuten sind die gleichen.

Bearbeitung

Eine Psychotherapie ist harte Arbeit. Aber die härteste Arbeit leistet der Patient außerhalb der regelmäßigen Therapiesitzungen. In der Sitzung bespricht man ein Problem. Aber außerhalb, im Auto, zu Hause, bei der Arbeit, geht einem dieses Problem immer wieder durch den Kopf. Es beschäftigt einen andauernd, wie ein Schlager, der nicht aus dem Kopf geht. Man ist dabei, das Problem zu verarbeiten, gewissermaßen durchzukneten. Dann plötzlich, wenn man es am wenigsten erwartet, kommt die Einsicht.

Einsicht

Der Groschen fällt, das Licht geht auf, das große Aha! Auf einmal sehen Sie die Verbindung zwischen Ihrem Verhalten in einer Situation und Ihren Erlebnissen in einer anderen.

Für die Psychoanalyse sind Probleme weitgehend gelöst, sobald die Einsicht da ist. Man vermutet, Sie werden jetzt in der Lage sein, Ihr Leben in bezug auf dieses Problem zu ändern. Leider ist es nicht so einfach, wie Untersuchungen gezeigt haben. Während die Psychoanalyse ein enormes Potential hat, unbewußte Zusammenhänge zu klären, hat man inzwischen neuere Methoden aus anderen Schulen, um das tatsächliche Verhalten zu ändern. Wenn Sie sich dafür interessieren, sollten Sie nach einer Ruhepause das nächste Kapitel lesen.

Verhaltenstheorie

Verhaltenstheorien sind Theorien, die nicht nur versuchen zu erklären, warum jemand sich in einer bestimmten Situation in einer bestimmten Weise verhält. Sie sind auch Theorien des Lernens. Tatsächlich waren die Begriffe Lerntheorie und Verhaltenstheorie lange Zeit fast synonym. Heute haben Psychologen viele verschiedene Theorien im Hinterkopf, wenn sie von Lernen sprechen, nicht nur einen verhaltenstheoretischen Ansatz. Ich werde hierzu mehr zu sagen haben, wenn ich die humanistischen und kognitiven Theorien beschreibe.

Die vielleicht einfachste Form des Lernens ist die Gewöhnung oder Habituation. In einem stillen Raum hören Sie plötzlich einen lauten Gong. Es ist ganz normal, dadurch zu erschrecken. Da zieht man vielleicht sogar den Kopf schnell ein, oder man dreht sich schnell um, um herauszufinden, was diesen Lärm verursacht hat. Der Gong erklingt ein zweites Mal in der gleichen Lautstärke. Sie erschrecken wahrscheinlich wieder. Dieses Mal wissen Sie aber, woher der Lärm kommt, so daß Sie nicht so stark reagieren wie beim ersten Mal. Das dritte Mal werden Sie vielleicht nur etwas zucken. Der Lärm ist nun keine Überraschung mehr. Mit noch einem weiteren Ertönen des Gongs könnte die Sache langsam langweilig werden. Das würde bedeuten, daß Sie habituiert wurden, oder anders gesagt: Sie haben sich durch die Wiederholung des Geräusches an den Gong gewöhnt und werden dadurch nicht mehr erschreckt. Das ist ein Lerneffekt.

Die Verhaltenstheorien sind stärker technisch ausgerichtet als die psychoanalytischen Theorien. Deswegen erwecken sie bei vielen Personen eine Abneigung. Sie werden ferner abgelehnt, weil sie, durch die formelhafte Art dieser Theorien, manipulativ wirken. Die Wirkung der Anwendung kommt manchen Leuten erschreckend machiavellistisch vor. Wie auch im Fall Machiavellis beschreiben die Verhaltenstheorien und -therapien wesentliche Aspekte unseres Verhaltens sehr gut, das heißt, sie spiegeln ziemlich genau die Welt des Verhaltens – ob gut oder schlecht – wider. Sie zu ignorieren, wäre vergleichbar damit, den »Kopf in den Sand zu stecken« oder »die Augen zuzumachen« in der Hoffnung, daß die Erklärungsansätze der Theorien verschwinden.

Die Theorien an sich sind nicht unsittlich, sie sind ohne Moral. Es liegt an den Menschen, ob sie sie ethisch anwenden, um Menschen zu helfen. Gerade diejenigen, die sich Sorgen um die Zukunft der Menschheit und die ethisch vertretbare Anwendung von Technologien machen, müßten sich mit diesen Theorien auseinandersetzen, um unverantwortliche Anwendungen zu verhindern.

Unter den Verhaltenstheorien finden wir im wesentlichen zwei Arten von Lernmodellen: die sogenannte Klassische und die Operante Konditionierung.

Klassische Konditionierung (nach Pawlow)

Die Klassische (oder auch Respondente) Konditionierung ist mit ihrem Entdecker, dem russischen Physiologen Ivan Pawlow (1849-1936), verbunden. Der Amerikaner John B. Watson hat dessen Ideen übernommen, angewandt und verbreitet. Pawlows Theorien kamen über den englischsprachigen Raum nach Deutschland. Deswegen sind in dieser Theorie häufig sprachliche Amerikanismen zu finden.

Pawlow war daran interessiert, das Verdauungssystem von Hunden zu untersuchen. Während er daran gearbeitet hat, entdeckte er einige aufregende Regelmäßigkeiten im Verhalten der Hunde.

Wie Klassische Konditionierung vor sich geht

Wenn ein Hund Hunger hat und Essen riecht, ist es ganz natürlich, daß er anfängt zu speicheln. Niemand muß dem Hund beibringen, den Speichel zu bilden, es geschieht von ganz allein. Ebenso muß der Hund nicht erst lernen zu riechen. Er kann es schon von sich aus. Das Essen ist ein Reiz, ein ungelernter, man sagt auch *unkonditionierter* Reiz. Ungelernt oder unkonditioniert deswegen, weil der Hund nicht lernen muß, auf Essen zu reagieren. Es entspricht seiner Natur. Man benutzt die Abkürzung US, um *unkonditionierte Stimuli* (Reize) zu beschreiben.

Das Verhalten des Speichelns als Antwort auf den Reiz des Geruchs von Essen ist ebenso unkonditioniert, es muß auch nicht gelernt werden. Es wird mit dem Kürzel UR gekennzeichnet, das heißt *unkonditionierter Response* (Antwort). Der unkonditionierte Reiz »Essen«[8] löst also eine unkonditionierte Antwort »Speicheln« aus. Man stellt diesen Vorgang formelhaft wie folgt dar:

Essen (US) $\rightarrow$ Speicheln (UR)

Nun verändert man diesen Vorgang. Bevor der Hund den Geruch des Essens wittern kann, läßt man eine Glocke klingeln. Die Glocke ist ursprünglich ein neutraler Reiz (NS, *neutraler Stimulus*), weil sie kein besonderes Verhalten als Antwort hervorruft, außer daß der Hund das Klingeln bemerkt.

Unmittelbar nach dem Klingeln der Glocke wird das Essen in den Raum mit dem Hund gebracht. Dieses löst naturgemäß das Speicheln als Antwortverhalten, Response, aus.

Glocke (NS) + Essen (US) $\rightarrow$ Speicheln (UR)

---

8   Der Hund regiert zuerst auf den Geruch, aber für den Leser ist das Essen wahrscheinlich bildhafter.

Glocke und Essen werden auf diese Weise mehrmals gekoppelt, wenn der Hund Hunger hat.

Nach dem Ende dieser Phase läßt man die Glocke wie üblich klingeln. Diesmal jedoch wird kein Futter gebracht. Das Erstaunliche: Der Hund speichelt trotzdem. Er speichelt als Antwort auf das Klingeln der Glocke, obwohl kein Essen zu riechen ist. Was ist jetzt eigentlich passiert?

Die Glocke wurde so sehr mit dem Geruch des Essens in Zusammenhang gebracht, assoziiert, daß sie selbst verhaltensauslösende Qualitäten angenommen hat. Das Klingeln der Glocke ist deshalb nicht mehr ein neutraler, sondern durch das Training jetzt ein gelernter, bedingter oder *konditionierter Reiz* (CS, *conditioned stimulus*), durch den ein bestimmtes Verhalten ausgelöst wird, nämlich Speicheln (CR, *conditioned response*). Das Speicheln als Response auf das Klingeln der Glocke ist nicht mehr lediglich ein natürliches Ereignis, sondern gelernt, konditioniert. Besondere Bedingungen (conditions) sind hergestellt worden. Das Speicheln ist jetzt in dieser Situation ein bedingter beziehungsweise konditionierter Response (CR) auf den bedingten beziehungsweise konditionierten Stimulus (CS).

Untersuchungen haben gezeigt, daß ein neutraler Reiz am ehesten zu einem konditionierten Reiz wird, wenn er ungefähr eine halbe Sekunde vor dem unkonditionierten Stimulus (US) präsentiert wird.

Aber was hat all dieses mit Menschen zu tun?

Anwendung auf den Menschen

Ein Beispiel der Anwendung klassischer Konditionierungstheorie zum besseren Verständnis menschlichen Verhaltens wird im folgenden beschrieben.

Wenn einem Patienten mit einer Nadel (NS: mindestens theoretisch neutral) sehr viel Insulin gespritzt wird, so fällt er in einen Insulinschock, der wie ein sehr tiefer Schlaf wirkt. Dieses ist eine neurophysiologische Behandlungs-

methode, die häufig in psychiatrischen Kliniken angewandt wird. Das Insulin ist der US, der Schock ist die UR,
weil er nicht erlernt wurde und somit physiologisch natürlich ist. Die Nadel ist in diesem Fall ein neutraler Reiz,
denn die Nadel allein verursacht keinen Insulinschock,
auch wenn man der Nadel gegenüber emotional nicht neutral eingestellt ist. Man kann das folgendermaßen darstellen.

Spritze (NS) + Insulin (US) → Schock (UR)

Nachdem die Spritze mehrmals zum Verabreichen von
Insulin verwendet wurde, wiederholt man diesen Vorgang
wie gewöhnlich. Diesmal jedoch spritzt man statt Insulin
eine physiologische Kochsalzlösung. Was passiert? Die Patienten fallen trotzdem in einen Schock. Die anfänglich
neutrale Injektionsnadel ist zum gelernten, konditionierten
Reiz geworden, der einen konditionierten Response – den
Schock – auslöst.

Ein zweites Beispiel: Wenn man seine Hände in kaltes
Wasser (US) taucht, verengen sich die Blutgefäße, das
heißt, eine Vasokonstriktion findet statt, um Wärme zu
halten.

Kaltes Wasser (US) → Vasokonstriktion (UR)

Nun arrangieren wir das Experiment so, daß jedesmal,
wenn man die Hände in das kalte Wasser taucht, ein
Summton ertönt. Das sieht jetzt so aus:

Summton (NS) + kaltes Wasser (US) → Vasokonstriktion
                                        (UR)

Die Verbindung zwischen kaltem Wasser, Ertönen des
Summtons und Vasokonstriktion wird durch Wiederholung gefestigt. Nachdem dies erreicht ist, wird der Summton erzeugt, ohne daß die Hände in kaltes Wasser getaucht
wurden. Trotzdem findet eine Vasokonstriktion statt, die
Blutgefäße verengen sich. Der Summton wurde zum kon-

ditionierten Reiz (CS) und die Gefäßverengung zur konditionierten Antwort (CR) auf diesen Reiz.

Generalisieren und Diskriminieren

Kehren wir noch einmal zum Beispiel mit der Glocke zurück. Sie erinnern sich, daß der Hund als Response auf das Klingeln der Glocke gelernt hat, im Zusammenhang mit Essen zu speicheln. Nehmen wir an, daß wir verschiedene Glocken hätten, mit jeweils unterschiedlichen Tönen. Zu Beginn des Experiments wird immer eine beliebige Glocke geläutet, wenn das Essen gebracht wird. Der Hund koppelt, wie dargelegt, »Glocke« und Essen. Dabei reagiert er auf die Glocke überhaupt, nicht auf eine spezielle Tonhöhe. Dann entscheiden wir: Der Hund soll lernen, nur noch dann zu speicheln, wenn Ton »A« läutet. Für diesen Fall präsentieren wir das Essen dem Hund jedesmal dann, wenn die A-Glocke geläutet hat, und nicht mehr, wenn andere Glocken ertönen. Nach einer Weile lernt der Hund, daß das Essen nur nach dem einen bestimmten Ton hereingebracht wird, nicht jedoch nach den anderen Tönen. Bald werden wir merken, daß der Hund nach dem bestimmten Klang, hier dem A-Ton, speichelt, nicht aber nach den anderen. Wenn das passiert, wird er gelernt haben, einen Ton von den anderen zu differenzieren beziehungsweise zu diskriminieren. Wir sind von Glocken allgemein zu einer spezifischen Glocke gekommen, auf die anders reagiert wird als auf die übrigen (Diskriminieren).

Wenn wir jetzt dem Hund beibringen, sein Essen nach der A- *und* der C-Glocke zu erwarten, sind wir vom Spezifischen zum weniger Spezifischen gelangt. Wir könnten die F-Glocke dazunehmen, dann G und so weiter. Wenn wir so weitermachen, lernt der Hund schließlich, nach jeder Glocke auf das Futter zu warten. Er speichelt dann, nachdem er irgendeine Glocke gehört hat. Der Hund hat die Assoziation zwischen Glocke und Essen »verallgemeinert«, generalisiert. Er ist von einem Response gegenüber einer spezifischen Glocke zu Glocken allgemein übergegangen (Generalisierung).

Entwicklung von Neurosen durch Klassische Konditionierung

Neurosen sind vergleichsweise leichtere seelische Störungen, die nicht die ganze Persönlichkeit des Betroffenen einnehmen, wie dies die Psychosen tun. Die Neurosen können immerhin die Funktionsfähigkeit des Betroffenen im Alltag stark einschränken. Eine Theorie zur Entwicklung von Neurosen besagt, daß neurotisches Verhalten durch klassische Konditionierung gelernt würde.

Nehmen wir als Beispiel die Angst vor der Dunkelheit. Menschen werden nicht mit Angst vor der Dunkelheit geboren. Sie lernen, Angst zu haben. Wie? Sie kann zustandekommen, wenn man mit Menschen zusammen ist, die Angst vor dunklen Plätzen haben. Die Dunkelheit ist für alle, die nicht gelernt haben, sich vor ihr zu fürchten, wahrscheinlich ein neutraler Reiz. Stellen Sie sich vor, daß zwei Kinder zusammen einen dunklen Gang entlang gehen. Das eine Kind geht, was Helligkeit oder Dunkelheit betrifft, durch eine neutrale Situation. Dann macht das andere Kind Bemerkungen wie »Huh, ist das gespenstisch hier«, fängt an, sich nervös zu verhalten, geht etwas schneller durch den Gang, um wieder ins Helle zu kommen. Das erste Kind nimmt die Nervosität des zweiten auf und reagiert, indem es selbst auch nervös wird. Das eine Kind glaubt, daß es einen Grund geben muß, Angst zu haben, wenn das andere vermittelt, daß es Angst hat.

Wenn man davon ausgeht, wie in einer Herde oder einem Rudel, daß die Wahrnehmung eines nervösen Artgenossen ein natürlicher ungelernter Reiz (US) ist und es ebenfalls genauso natürlich und ungelernt ist, darauf mit Nervosität zu reagieren, dann haben wir folgende Situation:

1. Dunkelheit (NS) →   kein Response
2. Beobachtung einer
   nervösen Person (US) → eigene Nervosität (UR)
3. Dunkelheit (NS) +
   nervöse Person (US) →   Nervosität (UR)
4. Dunkelheit (CS) →   Nervosität (CR)

Nachdem ein Kind mit Leuten, die die Dunkelheit fürchten, an dunklen Plätzen war, könnte es auf Dauer auch die Furcht vor der Dunkelheit entwickeln. Es könnte die Furcht auch dann spüren, wenn die nervösen Personen nicht dabei sind, vergleichbar mit dem Hund, der beim Läuten der Glocke speichelt, obwohl kein Futter vorhanden ist.

Es geht hier um die Interpretation eines Ereignisses (Erwerb von Angst vor Dunkelheit) durch Prozesse der Klassischen Konditionierung. Dieses ist nur *eine* Erklärung. Man könnte beispielsweise die Wahrnehmung eines nervösen Artgenossen als gelernte Reizbedingung betrachten (CS). Die eigene Nervosität wäre dann auch eine gelernte Reaktion (CR). Die Angst vor der Dunkelheit wäre demnach sekundär gelernt.

Ängste, Freude oder bestimmte Einstellungen sind auf diese Weise erwerbbar (konditionierbar), ob es um die Gefahr der Dunkelheit, das Vertrauen in andere Menschen, die Wichtigkeit von Spinat, Geld, Gott, Bonanza, des Osterhasen oder des Weihnachtsmannes geht.

Mit der Zeit könnte es passieren, daß diese Furcht vor einem dunklen Gang, einem spezifischen Ort, generalisiert wird, so daß ein Kind anfängt, andere dunkle Orte zu fürchten, auch in Anwesenheit von anderen älteren Personen. Die Furcht kann sich auf dunkle Straßen, Kleiderschränke, auf dunkle Kleidung, schwarze Bohnen und dunkle Menschen übertragen. Nach vielen Jahren kommt ein Patient in die Therapie mit einer pathologischen Angst vor allem, was dunkel ist. Er weiß nicht mehr, wie er zu dieser Abneigung gegenüber allem Schwarzen gekommen ist, ... oder war es die Angst vor allem Dunklen? Warum hat er dieses merkwürdige Gefühl, wenn er mit »schwarz« zusammen ist? Was hat das mit seiner Angst vor der Dunkelheit zu tun? Vermutlich haben Sie jetzt eine Hypothese dazu, was das eine mit dem anderen zu tun haben könnte.

Viele Furchtreaktionen können sich in dieser Form entwickeln. Das Koppeln eines neutralen Reizes mit einem, der schon Furcht auslöst, wird mit der Zeit dazu führen, daß der neutrale Reiz zu einer eigenständigen, angstauslösenden Kraft wird.

Ein Wort der Vorsicht: Abneigungen und Ängste in bestimmten Situationen können viele andere Ursachen haben. Es handelt sich nur um ein Beispiel, auch wenn die Ursache solcher Ängste fast immer irrational ist. Andere Theoretiker könnten die Entwicklung solcher Ängste ganz anders erklären.

Ein weiteres Beispiel, dieses Mal bezogen auf das höchst komplizierte Problem der Eß-Störungen, sei wieder nur ein Versuch, aus einem bestimmten Blickwinkel einen Aspekt des Eßverhaltens zu erklären.

Viele übergewichtige Menschen essen Unnötiges, wenn sie Einsamkeit oder eine andere Form von Streß nervös macht. Sie beruhigen sich mit Essen, vielleicht so:

1. Essen (NS als Beruhigung) → keine emotionale Reaktion
2. Gesellschaft, Menschen (US) → Abnahme der Nervosität (UR)
3. Essen (NS) + Menschen (US) → Abnahme der Nervosität (UR)
4. Essen (CS) → Abnahme der Nervosität (CR)

Jetzt können Sie einen möglichen Grund sehen, warum manche Leute dick werden. Angenehme Gesellschaft ist behaglich und tröstend, sie reduziert die Angst. Natürlich reduziert Essen nur Hunger und sonst nichts. Aber Essen im Zusammenhang mit angenehmer Gesellschaft, die Anspannung reduziert, ist eine Koppelung, die auf Dauer dazu führt, daß das Essen *selbst* möglicherweise eine beruhigende Qualität bekommt.

Operante Konditionierung (nach Skinner)

Operante (oder Instrumentelle) Konditionierung ist eng verbunden mit dem großen amerikanischen Psychologen B.F. Skinner (1904-1990). Bei dieser Form des Lernens wird der Organismus (ob Tier oder Mensch) selbst als der Urheber seines Verhaltens gesehen. Verhalten wird nicht nur als eine Antwort auf einen Reiz verstanden wie bei der Klassischen Konditionierung, vielmehr wird jedem Organismus unterstellt, daß er aus eigenem Antrieb handelt. Man sagt, er initiiert sein Verhalten, und meint damit, daß er aus eigenem Antrieb den ersten Verhaltensschritt unternimmt.

Das Prinzip des operanten Konditionierens

Jedes Verhalten findet in einer Umgebung oder Umwelt statt. Jedes Verhalten hat auch irgendeine Wirkung auf die Umwelt. Es gibt immer eine Folge, eine Konsequenz des Verhaltens, selbst wenn nichts passiert, ist auch dies eine Konsequenz. Es spielt zunächst keine Rolle, *welche* Folge oder Wirkung das Verhalten auf die Umwelt hat. Wichtig ist nur, *daß* es eine Konsequenz hat.

Die Konsequenz des Verhaltens kann nur gleichzeitig als eine Rückmeldung an den Organismus verstanden werden, welche Wirkung sein Verhalten auf die Umwelt hatte. Diese Rückmeldung (»Feedback«) wird die Wahrscheinlichkeit, daß dieses Verhalten wiederholt wird, beeinflussen.

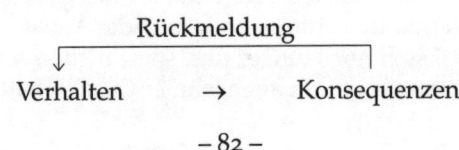

Rückmeldung

Verhalten   →   Konsequenzen

Diese Wahrscheinlichkeit wird durch die Rückmeldung erhöht oder verringert. Wir werden bald einige Beispiele durchgehen.

Der beschriebene Vorgang hat nichts mit dem Willen oder mit irgendeiner anderen aktiven Bemühung des Organismus zu tun. Es kommt sogar häufig vor, ohne daß sich der Organismus dieser Vorgänge bewußt wird. Die Wahrscheinlichkeit der Verhaltenswiederholung wird dennoch erhöht oder verringert.

Die Konsequenz eines Verhaltens muß jedoch *nicht immer* dazu führen, daß ein Verhalten häufiger oder seltener wiederholt wird. Deswegen sagt man, daß die Konsequenz dazu *tendiert*, die Wiederholungswahrscheinlichkeit zu erhöhen oder zu verringern. Es ist wie bei einer Wette, die Chancen sind gut, aber es besteht keine Gewähr.

Vier mögliche Konsequenzen des Verhaltens

Es gibt vier mögliche Konsequenzen eines Verhaltens in der Umwelt. Zwei dieser Konsequenzen erhöhen die Wahrscheinlichkeit, daß sich das Verhalten wiederholt. Zwei von ihnen verringern diese Wahrscheinlichkeit.

Positive Verstärkung

Eine positive Verstärkung liegt dann vor, wenn eine erwünschte Folge des Verhaltens, eine Prämie, ein angenehmes Resultat zu einer Erhöhung der Wahrscheinlichkeit der Verhaltenswiederholung führt.

Ein *Beispiel:* Ein junger Mann überlegt, daß er seiner Freundin etwas Schönes mitbringen möchte. Er geht zum Blumengeschäft, kauft einen schönen Blumenstrauß, fährt zu ihr und klingelt. Sie öffnet die Tür, er reicht ihr den Blumenstrauß und sagt: »Hier, ich habe dir Blumen mitgebracht!« Sie reagiert mit freudiger Überraschung: »Oh, sind die schön! Das ist sehr lieb von dir, danke!« Sie küßt ihn, bittet ihn herein, und sie verbringen einen schönen Abend zusammen.

Glauben Sie, daß die Wahrscheinlichkeit größer oder kleiner geworden ist, daß er seiner Freundin irgendwann einmal wieder Blumen bringt? Natürlich sind die Chancen gestiegen. *Ihr* Verhalten war belohnend, eine angenehme Konsequenz *seines* Verhaltens. Auf diese Weise wurde sein Verhalten positiv verstärkt.

Negative Verstärkung

Eine negative Verstärkung wird bewirkt, wenn ein unangenehmer, unerwünschter Reiz entfernt oder vermieden wird, beziehungsweise wenn man einer unangenehmen Reiz-Situation entkommt. Die Konsequenzen des Verhaltens sind die Abmilderung oder das Verschwinden einer unangenehmen oder gar schädlichen Situation, man könnte auch sagen: Durch das Verhalten wird etwas Unangenehmes *negiert*, zum Verschwinden gebracht. Es handelt sich also bei der negativen Verstärkung immer um einen vorhandenen unerwünschten Reiz, der durch ein Verhalten erfolgreich vermieden wird. Damit wird das Verhalten verstärkt.

Beispiel: Ein anderer Mann hat Streit mit seiner Freundin. Sie hat ihn gewarnt, er solle sich nie wieder blicken lassen, andernfalls werde sie ihm die Zähne einschlagen. Auch dieser Freund geht zum Blumengeschäft, um einen Blumenstrauß zu kaufen, geht auch zur Wohnung seiner Freundin und klingelt. Sie öffnet die Tür. »Hab' ich dir nicht gesagt ...« Während sie ihre Faust zum Zuschlagen erhebt: »Hier, ich hab' dir Blumen gebracht.« »Oh! Wie süß, die sind ja vielleicht schön!«, und sie schmilzt dahin. »Ach, Gott«, meint sie, »ich hab's doch eigentlich gar nicht so gemeint. Komm doch rein, und laß uns darüber reden.«

Ist die Wahrscheinlichkeit größer oder kleiner geworden, daß er ihr in einer ähnlichen Situation wieder Blumen oder etwas Ähnliches bringt? Selbstverständlich größer, weil er die unangenehme Streitsituation ausräumen konnte und den Einsatz ihrer Fäuste vermieden hat. Das Unangenehme an der Situation ist nichtig gemacht, und die Wahrscheinlichkeit eines ähnlichen Verhaltens in einer solchen Situation ist erhöht worden. Sein Verhalten wurde verstärkt, deshalb negative Verstärkung.

Immer wenn die Konsequenzen des Verhaltens die Wahrscheinlichkeit des Wiederholens erhöhen, handelt es sich um eine positive oder negative Verstärkung.

Bestrafung

Das Auftreten eines unangenehmen oder unerwünschten Reizes als Folge eines Verhaltens ist eine Bestrafung.

Beispiel: Ein junger Mann, der von den Erfolgen seiner Geschlechtsgenossen erfahren hat, kauft auch Blumen und geht zu seiner Freundin. Sie öffnet die Tür. »Hier...«, fängt er an, »ich hab' dir ...« Sie reißt ihm die Blumen aus den Händen, wirft sie auf den Boden, tritt drauf, zertrampelt den Strauß und gibt ihm dann noch eine Ohrfeige. »Du weißt, daß ich Blumen hasse!«

Ist die Wahrscheinlichkeit größer oder kleiner geworden, daß dieser junge Mann dieser Freundin jemals wieder Blumen bringt? Eindeutig kleiner. Sogar die Wahrscheinlichkeit, daß er sie jemals wieder besucht, ist viel geringer geworden. Er ist für seine Bemühungen ordentlich bestraft worden.

Zur Bestrafung sollte man sich folgendes vor Augen halten. Bestrafung muß, um effektiv zu sein, angemessen kräftig oder intensiv sein und dem unerwünschten Verhalten unmittelbar folgen. Richtig angewandt und eingesetzt, wird sie im Prinzip die Wahrscheinlichkeit des Wiederauftretens des Verhaltens verringern oder es sogar völlig stoppen – solange der Bestrafer da ist. Man braucht nur an das Fahrverhalten bei Radar- und Polizeikontrollen zu denken. Sobald der Autofahrer glaubt, vor dem Bestrafer und der Bestrafung sicher zu sein, wiederholt sich nur allzu oft das bestrafte Verhalten. Dieses ist besonders dann der Fall, wenn die betreffende Person keine alternative Handlungsweise in ihrem Verhaltensrepertoire hat. Das geht nach dem Prinzip »Wenn ich mich nicht *so* verhalten soll, *wie* soll ich mich dann verhalten?« Es reicht eben nicht, Kindern zu sagen, sie dürfen nicht über die Straße rennen. Man muß ihnen zeigen, wie man sicher über die Straße kommt.

Es ist sehr wichtig festzuhalten, daß Strafe und Verstärkung *subjektiv* sind, das heißt, der Betreffende beurteilt, ob die Konsequenz seines Verhaltens für ihn wirklich eine Strafe ist. Was für den einen eine Strafe ist, kann für den anderen ein Glücksfall sein. Damit das Verhalten gemindert oder gestoppt wird, muß der zu bestrafende Organismus eine Verhaltenskonsequenz als Bestrafung empfinden.

Eltern, die ihre Kinder bestrafen wollen, verstärken oft das unerwünschte Verhalten, ohne es zu merken. »Wenn du dich nicht benimmst, schicke ich dich in dein Zimmer.« »Ja, endlich«, denkt das Kind. »Dort habe ich meine Stereoanlage, PC, Bücher, Spiele usw.«

Ein Masochist sucht jemanden, der ihm Schläge erteilt. Er hat Freude daran, geschlagen zu werden. Seien Sie also sehr vorsichtig in der Beurteilung, ob eine bestimmte Konsequenz seines Verhaltens für den Organismus tatsächlich Bestrafung ist oder nicht.

Löschung oder Extinktion

Dieses ist das letzte der vier möglichen Resultate oder Konsequenzen eines Verhaltens. Wenn das Verhalten »keine« Konsequenz hat, wenn also weder Verstärkung noch Bestrafung folgen, wenn »nichts passiert«, dann spricht man von Extinktion oder Löschung. Extinktion eines Verhaltens bedeutet, daß die Wahrscheinlichkeit des Auftretens geringer geworden ist. Das Verhalten »verwelkt«, »verhungert« oder »stirbt aus«, das heißt, es wird immer weniger und schwächer.

Beispiele: Stellen Sie sich vor, Sie erzählen einen Witz,

und keiner lacht. Die Wahrscheinlichkeit, daß Sie diesen Witz nochmals erzählen, ist geringer geworden. Das bedeutet nicht, daß Sie es nie wieder versuchen werden. Vielleicht probieren Sie den Witz an einer anderen Gruppe aus. Spätestens nach zwei bis drei Versuchen ohne einen Lacher werden Sie diese Erzählungen einstellen, ohne unbedingt den Witz zu vergessen.

Das Verhalten stirbt nicht wirklich aus, weil es nicht wirklich vergessen wird. Es bleibt ein Teil des potentiellen Verhaltensrepertoires, obwohl die Neigung, sich so zu verhalten (hier: diesen Witz zu erzählen), stark nachgelassen hat.

Ein weiteres Beispiel liefert der vierte junge Mann mit einem Blumenstrauß. Es hat sich inzwischen herumgesprochen, daß Blumensträuße etwas an sich haben. Also geht der vierte junge Mann, der seine Freundin sehr beeindrucken möchte, ebenfalls zum Blumengeschäft. Anschließend besucht er, wie die anderen, seine Freundin. Er klopft an die Tür. Sie macht auf. Er gibt ihr den wunderschönen Strauß. Sie nimmt die Blumen, legt sie auf einen Tisch und geht ihren gewohnten Tätigkeiten nach, ohne ein Wort über die Blumen zu verlieren. Kein Dank, keine Anerkennung, keine Vase und kein Wasser für die Blumen. Nichts. Nicht einmal ein Schimpfwort. Nichts.

Glauben Sie, daß die Wahrscheinlichkeit gestiegen oder vermindert ist, daß dieser junge Mann dieser Frau wieder einmal Blumen bringt? Natürlich ist sie geringer geworden. Obwohl er nicht direkt bestraft wurde, wurde der junge Mann in keiner Weise für seine Bemühungen belohnt oder verstärkt. Sein Verhalten ist abgeschwächt worden. Es stirbt nicht wirklich aus, weil es nicht vergessen wird. Es bleibt ein Teil des potentiellen Verhaltensrepertoires.

Das »Shaping« oder das Formen komplexer
Verhaltensweisen

Die Regeln des operanten Konditionierens und das Wissen
um die Wirkung der Folgen des Verhaltens auf das Verhalten in der Zukunft werden angewandt, um Organismen,
das sind in diesem Fall Menschen und Tiere, gezieltes Verhalten beizubringen. Die oben beschriebenen Prinzipien
sind sehr wirkungsvolle Mechanismen, um Verhalten zu
vermitteln oder zu erlernen. Manche sprechen sogar von
einer Verhaltenstechnologie. Alle Tiertrainer und Dompteure wenden diese Prinzipien an, ob es ihnen bewußt ist
oder nicht. Pferde, Elefanten, Bären, Tiger, Löwen, Mäuse
oder Frösche werden damit ausgebildet. Man kann mit
diesen Verhaltensregeln auch sehr gut sich selbst und anderen komplexe Verhaltensabläufe beibringen.

Wie man komplizierte Verhaltensabläufe erlernt, kann
man vielleicht am besten mit der »Skinner-Box«, einem Kasten, der nach seinem Erfinder genannt wird, darstellen.

Die Skinner-Box kann man mit Hebeln, Schaltern, Spielgeräten für Tiere ausstatten. Der Grundgedanke ist, daß

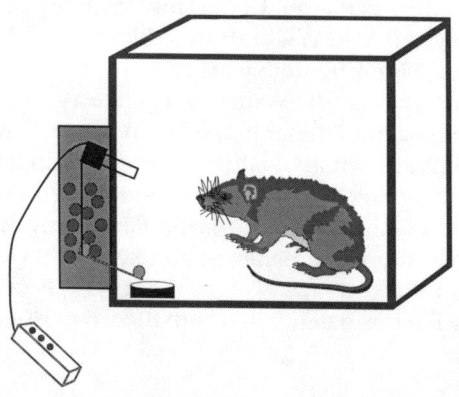

Abbildung 3: Skinner-Box mit Ratte, Druckschalter, Tasten-Hebelmechanismus, Behälter für Pellets (Futterkügelchen) und
Napf, in den das Kügelchen hineinfällt.

ein Tier nur dann Nahrung erhält, wenn es ein bestimmtes Verhalten durchführt. Dadurch hat man die Möglichkeit, verschiedenste Lernexperimente zu gestalten, in denen das Verhalten des Tieres belohnt, bestraft oder gelöscht werden kann. Skinner hat sogar eine Box für seine kleine Tochter gebaut mit Getränken, Essen und Spielzeug. Das Kind hat gelernt, sich selbst zu bedienen.

Skinner selbst arbeitete vorzugsweise mit Ratten und Tauben, die in solchen Kästen gehalten wurden. Aus dieser Arbeit heraus entwickelte er seine Thesen.

Wenn man eine hungrige Ratte in die Skinner-Box setzt, wird sie ihrer Intelligenz entsprechend neugierig umherlaufen, um diese neue Umgebung kennenzulernen.

Wir wollen der Ratte beibringen, sich selbst zu füttern, indem sie den Druckschalter bedient. Dieses Verhalten wird in kleinen Schritten erworben. Zunächst lassen wir die Ratte herumschnuppern. Wenn sie in die Nähe des Napfes kommt, benutzen wir den Knopfschalter. Damit wird erreicht, daß ein Futterpellet aus dem Behälter in den Napf hineinfällt. Dort ist es für die Ratte erreichbar. Gleichzeitig erfolgt ein hörbarer »Klick« des Schalters. Bald riecht oder sieht die Ratte das Pellet und frißt es schnell auf. Sie tastet auf der Suche nach mehr Nahrung in der Nähe der Futterstelle herum, findet aber nichts.

Erneut fängt die Ratte an, den Käfig zu untersuchen. Wiederum wird der Knopfschalter betätigt, wieder ein »Klick« des Gerätes, wieder fällt ein Pellet in den Napf. Irgendwann bemerkt die Ratte das Pellet wieder und frißt es.

Dies wiederholt sich. Irgendwann fängt die Ratte an, das »Klick« mit dem Pellet zu verbinden. Jedesmal, wenn ein Klick kam, war anschließend Essen im Napf. Noch einmal Klick, jetzt kommt die Ratte angerannt, weil sie nach dem Klick die Pellets erwartet. Nun hat die Ratte gelernt, das Klicken des Gerätes mit der Nahrung zu verbinden.

Wenn die Ratte an den Napf geht und das Pellet gefressen hat, läßt man mit einem Klick noch ein Pellet fallen. Die

Ratte wird nach mehr Futter scharren. Sobald sie die Pfote hebt, um an das Futter zu gelangen, macht es noch einmal Klick, und es fällt wieder ein Pellet. Das letzte Verhalten vor dem Klick ist das Verhalten, dessen Wahrscheinlichkeit, wiederholt zu werden, erhöht wird. Also erhöht sich die Wahrscheinlichkeit, daß die Ratte ihre Pfote wieder anhebt. Sobald sie dies tut, folgt wieder ein Klick, um dieses Verhalten nochmals zu verstärken. Das nächste Mal wartet man, bis die Ratte die Pfote etwas höher hebt, bevor man die verstärkenden »Klick-Pellet« bringt. Danach wartet man, bis die Ratte den ganzen Körper hebt und mit der Pfote noch höher tastet. Weitere Versuche der Ratte, an das Futter zu kommen, werden nur dann verstärkt, wenn ihre Pfote jeweils etwas näher an den Druckschalter oberhalb des Futternapfes kommt. Wenn die Ratte immer näher kommt, wird sie irgendwann auch den Druckschalter berühren... »Klick-Pellet« muß sofort kommen. Die Wahrscheinlichkeit erhöht sich, daß die Ratte das nächste Mal den Druckschalter drückt ... wieder »Klick-Pellet«. Also bekommt die Ratte ein Pellet von jetzt an nur dann, wenn sie den Druckschalter tatsächlich drückt ... »Klick-Pellet«.

Weil die Ratte jetzt weiß, daß die Pellets durch das Drükken des Schalters zu bekommen sind, wird sie solange drücken, bis sie keinen Hunger mehr hat. Die Ratte hat gelernt, sich selbst zu bedienen. Dies geschah durch die Annäherung in kleinen Schritten an das gewünschte Verhalten. Dieses Formen oder Gestalten von Verhalten nennt man »Shaping«. Jedes noch so komplizierte Verhalten kann man in dieser Weise durch das Verstärken von kleinen Schritten in die gewünschte Richtung formen.

Als Menschen können wir (wie viele andere Tiere) auch auf andere Art komplizierte Verhaltensweisen erlernen, beispielsweise indem wir zuschauen, was andere tun, und dieses nachmachen. So geht es schneller, aber auch so sind die Schritte nur so groß, wie wir auf einmal verarbeiten können. Wie klein ein Schritt sein muß, hängt von dem Lernenden und der Art der Arbeit oder des Verhaltens ab.

Manches kann man sofort richtig machen, anderes muß Schritt für Schritt getan werden. Manche können eine Melodie sofort auf dem Klavier nachspielen, andere müssen jede Note oder jeden Takt einzeln erlernen.

Man könnte diesen theoretischen Teil noch um vieles erweitern. Wenn Sie aber das bisher Besprochene verstanden haben, haben Sie eine tragfähige Grundlage, um die verhaltenstheoretisch orientierte Psychotherapie, das eigentliche Anliegen dieses Buches, im nächsten Abschnitt verstehen zu können.

Anwendung der Verhaltenstheorie auf die Psychotherapie

Die Verhaltenstherapien basieren auf der Anwendung der Prinzipien der klassischen und operanten Konditionierung, die wir gerade besprochen haben, und auf der Behandlung von Störungen. Eine Störung ist in diesem Fall ein unerwünschtes Verhalten beziehungsweise ein Verhalten, das man als unangepaßt im Sinne von unvorteilhaft für das Individuum *in seiner Situation* einstuft, das, mit anderen Worten, nachteilig oder sogar schädigend ist für es selbst oder für Gruppen, denen er oder sie angehören. In der Therapie geht es darum, vorteilhafte Verhaltensweisen zu entwickeln und gleichzeitig die nachteiligen abzubauen.

Die Werkzeuge der Verhaltensmodifikation (Konditionierung und Shaping) können für manipulative wie für therapeutische Zwecke eingesetzt werden. Die möglichen Gefahren sind ähnlich wie bei anderen Werkzeugen. Mit einem Hammer kann man ein Haus bauen oder auch Schaufenster einschlagen. Jede Technologie kann mißbraucht werden. Wir wollen jedoch nicht deswegen auf jede Technologie verzichten.

Es stehen viele verschiedene verhaltenstherapeutische Techniken zur Verfügung. Im folgenden werden diejenigen unter ihnen vorgestellt, die von Therapeuten als die wichtigsten angesehen und am häufigsten angewandt werden. Es existieren eigentlich so viele Möglichkeiten, Verhaltens- oder Lerntheorie therapeutisch anzuwenden, wie es Therapeuten und Klienten mit Problemen gibt.

Systematische Desensibilisierung

Diese Therapiemethode wurde von einem der größten Pioniere der Verhaltenstherapie, Joseph Wolpe, entwickelt. Sie ist einer der Vorreiter aller Verhaltenstherapien. Die systematische Desensibilisierung ist bei der Behandlung von spezifischen Ängsten oder Phobien sehr wirksam.

Der Kerngedanke dieser Therapie ist, daß man unmöglich gleichzeitig verspannt und entspannt sein kann. Angst und Furcht sind Zustände, die von Verspannungen begleitet sind. Können Sie sich vorstellen, entspannt ängstlich zu sein? Natürlich nicht. Das geht nicht, genausowenig wie Sie Ihre Augenbrauen hochziehen können, während Sie zornig sind – wie der Pantomime Sammy Molcho zeigt.

Für die Behandlung einer Phobie, beispielsweise einer Höhenangst, gibt es drei Hauptkomponenten der Therapie, die wir betrachten müssen.

Angst-Hierarchie

Man versucht, eine Liste von Situationen zusammenzustellen, in denen diese Angst auftreten könnte. Jeder Situation auf der Liste wird vom Klienten in Zusammenarbeit mit dem Therapeuten ein Wert zwischen 0 und 100 gegeben, also zwischen »keine« und »maximale Angst«.

Eine Situation bekommt auf der Angstskala den Wert 0, wenn sie überhaupt keine Angst hervorruft. Ein Beispiel wäre ein Ort, an dem der Betreffende sich am wohlsten fühlt, sein Lieblingsplatz, wo er bequem und entspannt ist, ohne Schmerzen oder Probleme, wo er nur Positives spürt. Es spielt weder eine Rolle, wo dieser Lieblingsort ist, noch wie er aussieht. Es ist nur wichtig, daß der Betreffende sich diesen Ort vorstellen kann und ihn mit dem Gefühl in Zusammenhang bringt, völlig bequem und entspannt zu sein. Es könnte im Bett sein, am Strand, in einer Hütte in den Bergen oder an jedem anderen beliebigen Ort.

Jetzt brauchen wir eine Situation, in der der Betreffende nur ein bißchen Angst spürt, vielleicht – bei Höhenangst – das Stehen auf einem Stuhl neben einer Wand. Vielleicht 5 Punkte. 20 Punkte könnte es geben für das Stehen auf dem gleichen Stuhl, der diesmal von der Wand weg in die Mitte des Raumes gestellt ist. (Haben Sie schon einmal bemerkt, um wieviel schwieriger es ist, auf einem Stuhl zu stehen, ohne die Möglichkeit zu haben, sich an der Wand abstützen zu können, wenn man das Gleichgewicht verlieren sollte?) Man fährt so lange fort, bis man zwanzig bis fünfundzwanzig verschiedene Situationen konstruiert hat, denen Punkte von 0 bis 100 zugeschrieben werden.

Der Klient wird auch nach der Situation gefragt, in der die für ihn entsetzlichste vorstellbare Höhenangst ausgelöst wird. Eine mögliche Antwort wäre: »Auf dem Eiffelturm stehen und hinunter schauen.« Ok, 100 Punkte. Aber wieviele Punkte gäbe es, wenn Sie auf einer Aussichtsterrasse auf einem Fernsehturm stehen und auf den Gehweg hinunter schauen würden? »Ach, ja. Das wären schon mehr als Hundert.« »Wieviel mehr?« »Tja!? Vielleicht 120.« Na gut, aber da wir hier die Skala auf 100 Punkte begrenzt haben, müssen wir dann alles andere entsprechend anpassen, so daß alle Werte unterhalb des gewählten 100 Punkte-Spektrums bleiben. Die zugeschriebenen Punktwerte sollten die subjektiv empfundene Relation der gestellten Situationen richtig widerspiegeln. Manche Therapeuten ziehen vielleicht eine 500- oder 1000-Punkte Skala vor. Das ist egal, das Prinzip bleibt dasselbe.

Eine Angsthierarchie ist nicht unbedingt leicht herzustellen. Es könnte einige Sitzungen in Anspruch nehmen, vielleicht sogar einige Therapiestunden, bis die zwanzig bis dreißig Situationen mehr oder weniger gleichmäßig über die 100-Punkte-Skala verteilt sind.

Der zweite Teil dieser Therapie bedient sich einer tiefen Entspannungstechnik. Es gibt auch hier viele Möglichkeiten, einschließlich Yoga, Autogenem Training und Meditation. Alle erreichen das gleiche: Entspannung. Obwohl viele Techniken zur Verfügung stehen, wird für die systematische Desensibilisierung bevorzugt die Progressive Entspannungstechnik nach Jacobson eingesetzt.

Die Jacobsonsche Methode ist besonders effektiv für Menschen, die nicht wissen, wann sie entspannt sind, oder gar, wie sie sich überhaupt entspannen können. Manche Leute wissen nicht, was Entspannung ist. Sie beherrschen ihre Muskulatur nicht in diesem Ausmaß und haben vor allem nicht gelernt, die entsprechenden Rückmeldungen des Körpers adäquat zu verarbeiten. Durch die Anwendung der Entspannungstechnik lernt der Klient, den Unterschied zwischen angespannter und entspannter Muskulatur zu erkennen.

Man bearbeitet einzelne Muskeln und Muskelgruppen nacheinander, bis der ganze Körper entspannt ist. Ein bestimmter Muskel wird angespannt, die Spannung angehalten und dann langsam losgelassen, bis der Muskel wieder entspannt ist. Als Beispiel nehmen wir die Hand. Dem Leser wird empfohlen, das Beispiel mitzumachen, damit er die Unterschiede, auf die es ankommt, selbst fühlt. Machen Sie nun eine Faust mit der Hand, eine fest verschlossene Faust, fester, ... noch fester ... und halten, ... halten, ... und jetzt ganz langsam, lassen Sie los, ... langsam, ... langsam, bis die Hand wieder ganz entspannt ist. Obwohl Sie vielleicht nach dieser enormen Anspannung eine Versteifung in den Fingern spüren, können Sie es kaum vermeiden zu spüren, wie die Hand sich wieder entspannt. Auf diese Weise kann fast jeder den Unterschied zwischen Angespannt- und Entspanntsein lernen.

Versuchen Sie es allein mit Ihrem Bizeps, zuerst ein Arm, dann der andere. Bemerken Sie den Unterschied im Grad der Anspannung zwischen linkem und rechtem Oberarm? Wieviel Kontrolle haben Sie über den Grad der Anspannung links und rechts?

Alle Muskelgruppen werden in der gleichen Weise angespannt und entspannt. Die Unter- und Oberarme, Schultern, Brust, Bauch, Unterleib, Gesäß, Schenkel, Waden, Füße, Zehen und auch die Gesichtsmuskeln kommen einzeln an die Reihe.

Jacobsons Entspannungstechnik und alle anderen Methoden müssen gelernt und geübt werden; am besten unter Anleitung, weil man die eigenen Fehler schlecht merkt. Einige Menschen können solche Entspannungstechniken in einer halben Stunde lernen, andere brauchen mehrere Sitzungen. Auf jeden Fall sind sie erlernbar. Die Fähigkeit, sich zu entspannen, ist die Voraussetzung für den nächsten Schritt, die letzte Komponente dieser Therapieform.

Gegen-Konditionierung oder Reziproke Inhibition

Die dritte Komponente dieser Therapie ist der Schlüssel zur ganzen Therapie. Das Prinzip ist, daß man nicht gleichzeitig angespannt und ganz entspannt sein kann. Deswegen wird man der Verspannung mit einer Entspannung begegnen (gegen-konditionieren), die Verspannung wird durch die Entspannung gehemmt (inhibiert). Es geht um eine Extinktion oder Löschung der Verspannung durch die Entspannung (eine reziproke Inhibition).

Alle drei Komponenten der Therapie fließen hier zusammen. Man fängt damit an, daß der Klient sich völlig entspannt und damit frei von (Ver-)Spannung ist. Meistens wird der Klient in einem sehr bequemen Sessel sitzen oder auf einer Liege ruhen.

Dann stellt sich der Klient seinen Lieblingsort vor. Dabei sollte er völlig entspannt bleiben können. Gelingt ihm das nicht, so ist dieser Ort vielleicht nicht so geeignet, wie zuerst gedacht, und man muß einen anderen finden. Es kann auch sein, daß die Entspannungstechnik nicht ausreichend gelernt wurde.

Wenn der Klient völlig entspannt ist, stellt er sich die Situation aus der vorher strukturierten Angsthierarchie vor, die am wenigsten Verspannung verursacht. Wenn er die geringste Anspannung spürt, signalisiert er dieses dem Therapeuten mit einem vorher ausgemachten Signal, indem er beispielsweise seinen Zeigefinger etwas anhebt. Sofort kehrt er in seiner Vorstellung an seinen Lieblingsort zurück und entspannt sich wieder.

Warum ist das wichtig? Solange der Betreffende ganz ohne Spannung bleiben kann, während er sich die Situation, die vorher Verspannung mit sich brachte, vorstellt, wird die Verspannung zwangsläufig schwächer werden, bis zur völligen Löschung, Extinktion. Da es unmöglich ist, gleichzeitig angespannt und entspannt zu sein, muß die Anspannung allmählich verschwinden, solange man entspannt bleibt. Es handelt sich um eine »reziproke Inhibition« oder gegenseitige Hemmung. Die vorgestellte Situation wird durch Entspannung für (Ver-)Spannungen *desensibilisiert*. Weil man von der Situation, die die geringste Verspannung verursacht, ausgeht und bis zur Situation mit der maximalen Anspannung systematisch fortschreitet, ist das eine systematische Desensibilisierung.

Man arbeitet, bis der Klient auch bei der 100-Punkte-Situation in der Angsthierarchie keine Angst oder Verspannung mehr spürt. Dann kann man eine neue Hierarchie ausarbeiten mit wirklichen Situationen, die nicht nur in der Vorstellung vorhanden sind. Schritt für Schritt geht man genauso systematisch durch die neue Hierarchie. Vielleicht fängt man mit einem wirklichen Stuhl an oder geht Stufe für Stufe eine Leiter hoch. Es ist denkbar, daß der Therapeut später wirklich mit dem Betroffenen auf einen Fernsehturm geht, um auch die Angst, die mit dieser Höhe verbunden ist, in der realen Situation zu bearbeiten.

Jede Art von definierbarer Angst kann so behandelt werden. Eine Angst vor Spinnen beispielsweise kann genauso hierarchisch aufgebaut werden. Man fängt mit Bildern von Spinnen an und geht dann weiter mit Spinnen in Käfigen, eine kleine Spinne in einem großen Raum, eine große Spinne in einem kleinen Raum, eine Spinne auf dem Schuh, eine auf der Haut.

Sogenannte diffuse Ängste sind eigentlich gar nicht so diffus. Sie treten in vielen bestimmten konkreten Situationen auf. Man muß nur herausfinden, wann und wo.

Reizüberflutung

Diese Methode ist auf den ersten Blick fast das Gegenteil der vorherigen Methode. Der Betreffende wird mit Reizen in einer angstbesetzten Situation geradezu überschüttet und überschwemmt. Er kann dieser Situation nicht entkommen und bleibt trotzdem »unbeschädigt«.

Nehmen wir an, jemand hat Angst vor Aufzügen. Man würde mit ihm zu einem Aufzug gehen, hineingehen und die Tür(en) schließen lassen. Er bekommt Angst, vielleicht sogar Panik. Wenn der Aufzug nicht den Schacht hinunterfällt und wenn die Tür geschlossen bleibt, so daß der Klient nicht wegrennen kann, wird sich die Person allmählich beruhigen. Die Angst wird zunehmend schwächer, weil sie sich nicht bestätigt, also nicht verstärkt wird. Die Person gewöhnt sich daran, im Aufzug zu sein, ohne daß etwas Negatives passiert. Die Angst, die Befürchtungen und die Spannungen werden schwächer. Sie werden langsam gelöscht, eine Extinktion findet statt.

Sie sehen also, wie letzten Endes in beiden besprochenen Therapieformen das Prinzip der Extinktion wirksam ist.

Man muß hier vorsichtig sein. Nach der anfänglichen Welle der Angst im Aufzug wird die Angst schwächer und wird nach und nach verschwinden. Sollte die betroffene Person den Aufzug aus irgendeinem Grund während des Zustandes der Angst verlassen, wird die Angst auf dem in dem Augenblick vorhandenen Niveau bestätigt, also verstärkt. Es könnte in so einem Fall passieren, daß der

Klient nach einer gekappten Behandlung mehr Angst hat als vorher, wenn die Angst zur Zeit des Abbruchs auf einem höheren Niveau ist. Es ist also sehr wichtig, eine Reizüberflutungstherapie so zu arrangieren, daß der Klient den angstauslösenden Reizen ausgesetzt wird, bis die Angst *unterhalb* des Ausgangspunktes liegt oder ganz *gelöscht* ist.

Selbstbehauptung

Beim Selbstbehauptungstraining, oft auch Selbstsicherheitstraining genannt, soll der Klient lernen, die eigenen vorhandenen Fähigkeiten und Fertigkeiten besser anzuwenden. Es geht darum, sich besser behaupten zu können, als dieses gegenwärtig der Fall ist. Sich selbst behaupten zu können bedeutet nicht, aggressiver zu werden, wie oft fälschlicherweise gedacht wird. Es bedeutet, so zu sein und sich so angemessen zu verhalten, daß man am ehesten das erreicht, was man in einer bestimmten Situation vorhat. Es kann sein, daß etwas mehr Auf- oder Erregung in einzelnen Situationen hilft, sich durchzusetzen. Meistens jedoch wird gerade Aggression die unpassendste Verhaltensweise sein, um die Ziele zu erreichen, die man anstrebt.

Diese Therapieform benutzt vorwiegend die positive Verstärkung, obwohl auch negative Verstärkung, Extinktion und vielleicht sogar Bestrafung notwendig sein können.

Die einfachste Art der Selbstbehauptung besteht darin, Verhalten, das man lernen will, zu üben. Inkorrektes oder unerwünschtes Verhalten wird korrigiert, und korrektes Verhalten wird ermutigt und gelobt; dies ist Verstärkung.

Die Korrektur eines unerwünschten oder unpassenden Verhaltens könnte man als eine Art milde Bestrafung verstehen. Sie wird jedoch immer gekoppelt mit einem alternativen Verhalten, das verstärkt wird.

Komplexen Verhaltensmustern muß man sich in kleinen Schritten nähern. Das ist die Anwendung des »Shaping-Prinzips«, das wir bei der Ratte in der Skinner-Box gesehen haben. Das Shaping läßt sich auch auf den Menschen übertragen.

Selbstbehauptungstraining wird häufig auch in der Frauenbewegung angewandt. Eine Frau hat beispielsweise Befürchtungen, allein in ein Lokal oder Restaurant zu gehen. Sie kann die Situation zuerst in geschützter Umgebung üben. Sie lernt, mit mehr Selbstsicherheit zu gehen, die passende Körperhaltung zu wahren, durch den Eingang eines Lokals zu gehen, sich im Lokal umzuschauen und den Kellner um einen Tisch zu bitten. Schritt für Schritt müssen Ängste abgebaut und ein gewünschtes Alternativverhalten aufgebaut werden.

Nachdem man diese Szene ausreichend geprobt hat, einschließlich allem, was voraussichtlich falsch laufen kann (denn wir wissen alle, daß alles, was schiefgehen kann, irgendwann schiefgehen wird), ist es Zeit für einen Feldversuch, man geht also in ein wirkliches Restaurant. Am Anfang wird ein Teil des Teams als seelische Stütze in der Nähe bleiben. Später soll die Klientin es allein probieren.

Die gleichen Techniken werden angewandt, wenn jemand Angst hat, mit seinem Vorgesetzten über eine Gehaltserhöhung, den Urlaub oder sonst etwas zu sprechen. Man kann die Übung damit beginnen, daß jemand die Rolle des Vorgesetzten spielt. Man übt das Annähern, wie man um ein Gespräch bittet, die Körperhaltung, den Augenkontakt. Alles. Die Übungen müssen die Korrektur inadäquaten Verhaltens beinhalten, aber unbedingt auch Lob für gewünschtes, effektives Verhalten des Klienten.

Es kann sein, daß die Löschung einiger anderer Ängste, die im Hintergrund wirken, Vorrang bekommt vor dem Gespräch mit dem Vorgesetzten. Das kann kompliziert werden und die parallele Anwendung von systematischer Desensibilisierung neben dem Rollenspiel erfordern. Der Abbau von Ängsten kann für die Selbstbehauptung genauso wichtig sein wie die Erprobung von neuen Verhaltensweisen.

Nachahmung, Annahme von Vorbildern, Modell-Lernen

Wie schon früher vermerkt, müssen Menschen nicht immer für jeden kleinen Lernschritt verstärkt werden. Verhalten muß nicht immer in so kleinen Schritten geformt werden wie das der Ratte in der Skinner-Box. Ein Mensch kann einem anderen zeigen, »wie es geht«. Der Schüler kann das Verhalten des Lehrers nachahmen, indem er sich an seinem Vorbild oder Modell orientiert.

Auch Tiere können Menschen und andere Tiere nachahmen. Kinder ahmen das Verhalten der Erwachsenen nach, indem sie einfach versuchen, sich wie diese zu benehmen.

Kinder reagieren besonders sensibel auf das Verhalten der Vorbilder in ihrer Umgebung. Nicht nur Eltern sind Modelle für ihr Verhalten, sondern auch die Personen, die sie im Fernsehen oder Kino beobachten, seien es Moderatoren, Sportler, Schauspieler, Sänger oder Politiker. Kinder können sich jede Persönlichkeit zum Vorbild nehmen, ob Staatsmann, Pop-Sänger, Polizist oder Mörder, und diese können positiven oder negativen Einfluß auf die Kinder haben. Aus den Erfahrungen im Kino oder vor dem Fernseher weiß jeder, daß die Wahrscheinlichkeit eines positiven Einflusses nicht sehr groß ist. Für die meisten Kinder werden unerwünschte Vorbilder keine dauerhaften negativen Wirkungen haben. Es ist jedoch wahrscheinlich, daß Kinder an der Grenze zwischen psychischer Stabilität und Instabilität stärker durch diese negativen Vorbilder beeinflußt werden als psychisch gefestigte Kinder. Der Prozentsatz der gefährdeten Kinder ist vielleicht nicht allzu groß. In absoluten Zahlen ausgedrückt, können es aber Millionen Kinder sein, bei denen es sozusagen auf der Kippe steht, ob sie durch sozial unerwünschte Vorbilder negativ beeinflußt werden.

Wir sehen, daß die Konzepte, die hier besprochen werden, nicht nur individuelle, sondern auch gesellschaftspolitische Dimensionen haben. Wir als einzelne und die Gesellschaft als Ganzes müssen entscheiden, welche Art

Vorbilder wir für unsere Kinder haben wollen. Keine Entscheidungen zu treffen, bedeutet das Feld den möglichen unerwünschten Einflüssen zu überlassen.

Aversionstherapien

Die Anwendung irgendeiner Form von Bestrafung, um Änderungen im Verhalten zu erreichen, ist das Kennzeichen von Aversionstherapien. Dabei werden unerwünschte, unangenehme und sogar schmerzhafte oder eklige Reize eingesetzt, um Aversion, Widerwillen, gegenüber dem unerwünschten Verhalten zu erzeugen. Die Konsequenzen des Verhaltens, in diesem Fall also die unangenehmen Reize, sollen eine Abneigung verursachen, sich wieder so zu verhalten, das heißt, die Wahrscheinlichkeit des Vorkommens dieses Verhaltens soll verringert werden.

Diese Art von Therapie wirkt meistens nur für kurze Zeit, nämlich solange der Bestrafer präsent ist. Langfristig treten erwünschte Wirkungen nur dann auf, wenn ein gewünschtes, alternatives Verhalten gleichzeitig verstärkt wird. Wenn ein gewünschtes Verhalten durch Verstärkung aufgebaut wird, braucht man aber eigentlich die Bestrafung nicht. Es würde reichen, das alte unerwünschte Verhalten durch Extinktion »aussterben« zu lassen.

Bestrafungstherapien können gefährlich werden, wenn sie nicht fachmännisch durchgeführt werden. Aber auch dann noch ist ihre Anwendung umstritten. Aversionstherapien und entsprechende Forschungsprojekte sollten vor der Durchführung von unabhängigen Fach- und Ethikkommissionen abgesichert werden.

Man muß sehr aufpassen, daß das Verhalten, das man bestrafen will, tatsächlich auch das ist, was bestraft wird, und daß tatsächlich verstärkt wird, was verstärkt werden soll. Erlauben Sie mir ein Beispiel:

Als Student an der »University of California at Los Angeles« nahm ich an einem Experiment teil, das die Wirksamkeit einer neuen Behandlung gegen das Rauchen überprüfen sollte. Etwa zehn bis zwölf Studenten wurden in einen Raum gesteckt, fast so klein wie ein großer Schrank. Das Fenster war zu. Unsere Aufgabe: Jeder sollte innerhalb von zehn Minuten drei Zigaretten rauchen. Es fällt nicht schwer, sich vorzustellen, daß die Luft in diesem Raum nach einigen Minuten ziemlich eklig war. Nach zehn Minuten waren wir fast dabei, uns zu übergeben. So sollte Aversion gegen das Rauchen herbeigeführt werden.

Als die zehn Minuten vorbei waren, wurden wir aus dem Raum gelassen. Die Sitzung war zu Ende. Wir stürmten aus dem Gebäude an die frische Luft im Innenhof. Gleichzeitig griffen wir in die Brusttasche, um uns eine Zigarette anzuzünden.

Diese aversive Therapie lief über mehrere Sitzungen. Das Problem war, daß wir zwar eine Abneigung gegen die Therapie erlebten, nicht aber gegen die Zigaretten. Der Gedanke, zur nächsten Sitzung wiederkommen zu müssen, war grauenhaft. Wir kamen auch nur, weil wir die Bescheinigung der Teilnahme an einer bestimmten Anzahl von Experimentierstunden brauchten. Wir spürten offensichtlich keine Abneigung gegen die Zigarette, nur einen Widerwillen gegenüber dem Rauchen in diesem kleinen Raum im Gebäude des Psychologischen Instituts. Wir, die Teilnehmer, haben sofort zwischen den unterschiedlichen Rauchbedingungen differenziert beziehungsweise diskriminiert. Im kleinen Raum war das Rauchen widerlich, draußen auf dem Hof war es ein Genuß, der wieder verstärkt wurde.

Aversionstherapien werden oft dort eingesetzt, wo mit anderen Methoden kein Erfolg erzielt werden konnte. Die schwierigsten Verhaltensprobleme sind unangemessene Trink-, Rauch und Eßgewohnheiten sowie Bettnässen und Störungen der sexuellen Orientierung.

Bestrafende Therapien sollten möglichst nicht mehr eingesetzt werden. Das Bedürfnis einiger Therapeuten, bestrafende Verfahren einzusetzen, scheint eine Folge des Mangels an neuen kreativen Vorstellungen von wirksamen therapeutischen Bedingungen mit Verstärkungen zu sein. Es ist wirklich schwer, für jede Situation eine Verstärkung auszudenken, besonders für die oben genannten schwierigen Verhaltensprobleme. Wir alle müssen uns mehr anstrengen, verstärkende statt strafende Methoden zu entwickeln.

Kognitive Verhaltensmodifikationen

Bisher haben wir es weitgehend mit beobachtbarem Verhalten zu tun. In den letzten Jahrzehnten ist man zu der Erkenntnis gekommen, daß auch nicht beobachtbares und nicht unmittelbar meßbares Verhalten, beispielsweise Gedankengänge, mit Hilfe der Verhaltenstheorie beeinflußt werden können. Wie wir oben schon besprochen haben, bezieht sich das Wort »kognitiv« auf alle geistigen Vorgänge, wie Denken, Erinnern, Rationalisieren, Vergessen und so weiter. Man spricht von mentalen Prozessen. Das Herbeiführen von Veränderungen im kognitiven Bereich mit Hilfe der Verhaltenstheorie nennt man kognitive Verhaltensmodifikation. Dieses ist ein integrierter Bereich zwischen Verhaltenstherapie und kognitiven Therapien.

Zwanghafte Gedanken beispielsweise werden gelöscht, indem man alternative Gedanken aufbaut, die positive Konsequenzen haben. Die neuen Gedanken werden verstärkt. Durch die gleichzeitige Vernachlässigung der unerwünschten Gedanken werden sie bis zur Extinktion abgeschwächt.

Die kognitiven Therapien

Kognitive und humanistisch orientierte Therapeuten verwenden eine Vielzahl an Methoden. Allen kognitiven Therapien gemeinsam ist, daß man sich mit den Prozessen auseinandersetzt, die *im Kopf* des Klienten stattfinden. Die Verhaltenstheoretiker sprachen von der »Black Box«, für deren Inhalt sie sich ursprünglich nicht interessierten. Die Kognitivisten hingegen interessieren sich gerade für das, was in der »Black Box« geschieht, für Gedanken, Wissen, Verständnis, Wahrnehmung, Motivation, Einstellungen. Verhaltens- oder Persönlichkeitsänderungen können als Folge von Einstellungsänderungen stattfinden.

Die kognitive Bewegung hat wesentliche Impulse von Jean Piaget bekommen, zu dessen Lebenswerk es gehörte, die kognitive Entwicklung von Kindern zu untersuchen. Dabei hat er unterschiedliche Entwicklungsstufen herausarbeiten können, mit denen sich jeweils die Qualität des Denkens in der jeweiligen Altersgruppe ändert, nicht nur die Quantität. Ein 15jähriger kann nicht nur mehr Denkaufgaben lösen als ein 6jähriger, er denkt auf andere Weise. Er arbeitet sozusagen mit anderen »Gehirn- und Denkwerkzeugen«.

Diese Werkzeuge erlauben auch andere Arten von Aufgabenlösungen als die Werkzeuge, die ein 6jähriger zur Verfügung hat. Die Fähigkeit zum abstrakten Denken entwickelt sich beispielsweise erst um das 12. Lebensjahr herum. Diese Art des Denkens muß dann noch gelernt und geübt werden, damit dies Potential richtig genutzt werden kann.

Andere Impulse für die kognitiven Therapien resultieren aus der fortschreitenden Entwicklung der Computer. Sie führten zu wachsendem Interesse an Informationsverarbeitung und auch an Fragen danach, wie der Mensch

Informationen aus der Außen- oder eigenen Innenwelt empfängt und verarbeitet. Dadurch wuchsen auch die Kenntnisse über die Funktionen des Gehirns. Es wurde schon versucht, mit Computermodellen die Arbeit des menschlichen Gehirns nachzuvollziehen.

Auch wenn Erwachsene nach dem 16. Lebensjahr ähnliche Voraussetzungen hätten und alle gleich intelligent wären, würden sie immer noch unterschiedliche *Denkstile* aufweisen. Manche Menschen denken in festen Mustern, andere kreativer. Manche brauchen eine Idee von außen, um zu einer Lösung zu kommen, andere nicht so sehr. Manche können in fast jeder Umgebung gleich gut oder schlecht denken, andere in bestimmten Situationen besser als in anderen. Manche können sich Details sehr gut merken, andere verschaffen sich eher einen Überblick.

Unser Wissen, unsere Ängste, Wünsche und Bedürfnisse beeinflussen die Art und Weise, wie wir neue Informationen verarbeiten. Wir neigen sowohl dazu zu sehen, was wir schon kennen, als auch dazu zu sehen, was wir sehen wollen.

Das Gedächtnis, unsere Sprache, die Art und Weise zu lernen, Probleme zu lösen und Entscheidungen zu treffen, sind *kognitive Funktionen*, die zukünftige Erfahrungen mitbeeinflussen werden. Die kognitiven Therapeuten wollen mit den vorhandenen kognitiven Funktionen arbeiten, um gegebenenfalls neue Kognitionen zu gestalten.

Klienten leiden manchmal unter falschen Vorstellungen, Irrtümern oder unlogischen und unrealistischen Gedanken. Diese können zu unglücklichen Lebensbedingungen führen, wenn man z.B. unrealistische Erwartungen hat. Allein schon durch das, was man zu wissen meint, kann man Beziehungen zu sich selbst und zu anderen stören. Irrtümliches Denken kann eine Fehlanpassung an die Realität bedeuten. Es ist Aufgabe der kognitiven Therapeuten, die Gedankenfehler der Klienten aufzudecken und neue, hilfreiche Kognitionen mit ihnen auszuarbeiten.

Menschen führen innere Gespräche mit sich selbst. Man

redet im Stillen mit sich, während man dieses oder jenes überlegt. Diese inneren Gespräche beinhalten Annahmen und führen zu Schlußfolgerungen, die wiederum unglücklich machende Konsequenzen für den Betreffenden haben können. Die Annahmen, Deutungen und Schlußfolgerungen sind oft falsch.

Nehmen wir an, ein Klient lebt mit dem Gedanken, daß er immer alles richtig machen muß, sonst wird er nicht geliebt. Wenn er darauf angesprochen wird, sagt er vielleicht sogar: »Natürlich kann ich nicht alles richtig machen. Das kann keiner.« Und dennoch lebt er im Inneren nach dem Motto: »Ich muß alles richtig machen.« Dies muß, wenn es so ist, erkannt und geändert werden. Es ist eine Sache, sein Bestes geben zu wollen. Es ist etwas anderes, immer alles richtig oder sogar perfekt machen zu wollen. Außerdem kann auch das Beste schon zuviel sein. Wer kann immer sein Bestes geben? Was ist sein Bestes? Wieviel Aufwand lohnt sich in dieser oder jener Situation? Die Antworten können nur sehr persönlich gestaltet werden. Aber sie sind zunächst im Kopf, in den Gedanken. Erst danach werden sie in Verhalten beziehungsweise neues Verhalten umgesetzt.

Es gibt eine Reihe typischer Annahmen, die wir als Kinder in unserem Kulturkreis lernen, und zwar oft, ohne daß uns irgend jemand irgend etwas gesagt hätte. Stillschweigend haben wir die Gedanken unkritisch aufgenommen und leben unkritisch mit ihnen weiter. Folgende Beispiele sind solche Annahmen:

Ich muß von allen immer geliebt werden, alles andere wäre eine Tragödie.
Man darf nicht wütend sein auf jemanden, den man liebt.
Ich darf nicht weich sein. (Für Männer)
Ich darf nicht aggressiv sein. (Für Frauen)
Ich muß immer fleißig und fähig sein, sonst bin ich als Mensch wertlos.

Wenn die Dinge im Leben nicht so sind, wie ich sie will, halte ich es nicht aus.

Das Unglück kommt von außen. Ich kann nichts dafür.

Weil ich unfähig bin, etwas selbständig zu machen, muß ich jemanden finden, der stark genug ist, dies für mich zu übernehmen.

Was ich heute denke, wie ich empfinde und handle, ist von meiner Vergangenheit abhängig, und deswegen werde ich immer so denken, empfinden und handeln.

Es ist einfacher, Problemen aus dem Weg zu gehen, als sich ihnen zu stellen.

Eine aus meiner Sicht tragische Ansicht, die sich immer mehr in die Köpfe der Menschen einschleicht, ist die: Geld macht glücklich. Varianten davon sind: Geld ist das einzige, was zählt. Alles hat seinen Preis.

Wie gesagt, die meisten Menschen sind sich nicht einmal bewußt, daß sie ihre Handlungen nach solchen inneren Gedanken ausrichten.

Depressive Patienten glauben manchmal, die einzige Lösung für ihre Probleme bestehe darin, sich umzubringen. Wenn man die Logik hinter solch einer Schlußfolgerung analysiert, findet man schnell, daß ein Selbstmord die Probleme der Gefährdeten nicht löst. Für seine Angehörigen würden sich die Probleme vervielfachen. Sich mit Depressionen und Selbstmordgedanken zu quälen, scheint manchmal einfacher zu sein, als die Probleme anzugehen. Therapeuten helfen, die Probleme zu bearbeiten und Alternativen zum Selbstmord und zur Depression zu finden, die der Klient auf Grund seiner eingeengten Gefühlswelt selbst nicht finden kann.

Manchmal hilft schon Information gegen Ängste. Ein 9jähriger Junger beispielsweise quälte sich mit dem Gedanken, daß sein Penis abfallen würde, wenn er zuviel mit ihm spiele. Der Therapeut erfuhr, daß diese »Auskunft« von älteren Jungen kam, die etwa 15 Jahre alt waren. Es genügte, dem 9jährigen die Lage klar zu machen: Er könne mit seinen Händen soviel mit sich selbst spielen, wie er wolle. Es werde weder ihm noch seinem Penis dadurch etwas passieren. Außerdem konnte der Therapeut ihn überzeugen, daß die älteren Jungen ihm nur Angst machen wollten und ganz bestimmt mit sich selbst spielten, auch wenn sie es nicht zugeben würden. Das war eine kognitive Bearbeitung durch Wissenserweiterung.

Manchmal liegen die Schwierigkeiten eines Klienten darin, daß sein Problem nicht klar definiert ist. Jemand denkt beispielsweise, sein Problem bestehe darin, daß er sich scheiden lassen muß. Wahrscheinlich liegt aber sein Problem eher darin, daß er und sein Partner nicht adäquat miteinander umgehen können.

Viele Probleme lösen sich, wenn der Klient sein Problem oder seine Situation oder sich selbst anders betrachtet als bisher. Wahrgenommene Situationen werden in einen neuen Rahmen gestellt (Reframing) oder logisch umstrukturiert. Eine solche kognitive Umstrukturierung kann auf verschiedene Weise erreicht werden. Neue Informationen wie bei dem 9jährigen, eine neue Bewertung einer Situation, beispielsweise »Ist es wirklich so wichtig?«, »Muß ich das immer so tun und nicht anders?«, schaffen eine neue Bestimmung des Problems und dadurch auch neue Lösungsmöglichkeiten.

Humanistisch-existentialistisch-
phänomenologische
Therapien

Sie werden sich erinnern, daß die humanistische Strömung in der Psychologie als der Dritte Weg nach den psychoanalytischen und verhaltenstheoretischen »Wegen« beschrieben wurde. Insgesamt interessieren sich die humanistischen und existentialistischen Theoretiker für die menschliche Existenz und den Umgang mit dem Tod. »Phänomenologie« bezieht sich auf die Art und Weise, wie Menschen ihre Welt und ihre Umwelt wahrnehmen, also auf die subjektiven Erfahrungen des einzelnen.

Allgemeine Orientierung

Viele Persönlichkeiten haben zu einer humanistischen Psychologie und Therapie beigetragen, doch überragt eine Persönlichkeit alle anderen: Carl Rogers (1902-1987). Er entwickelte nicht nur eine Variante der Psychoanalyse, wie dies Horney, Sullivan oder Rank taten, sondern beschritt einen neuen Weg mit einem neuen Verständnis von Psychotherapie. Carl Rogers machte seine Therapie wirklich zu einem Dritten Weg. Dieser Weg betonte die *Beziehung* zwischen Klient und Therapeut und änderte dadurch einiges an den Aufgaben des Therapeuten. Rogers wollte die Bedeutung der jeweils eingesetzten Therapie abschwächen, gleichzeitig die Bedeutung der *Qualität* der therapeutischen Beziehung unterstreichen.

Vor Rogers war die Psychotherapie sehr direktiv, das heißt, der Therapeut bestimmte weitgehend, was für den Patient gut war. Der Therapeut interpretierte die Bedeutung der Symbole oder dirigierte systematisch angeordnete Verstärkung oder Strafung.

Rogers' Therapie heißt ursprünglich »Non-directive Therapy« (nicht-direktive Therapie). Später bekam die Therapie den Namen »Klienten-zentrierte« und noch später »Personen-zentrierte Therapie«. In Deutschland trägt die Therapie den nichtssagenden, verwirrenden Namen »Gesprächstherapie« – als ob in anderen Therapien nicht gesprochen würde.

Rogers und andere humanistische Therapeuten meinten, daß jede einzelne Person der beste Experte sei im Hinblick auf sich selbst. Der Klient selbst weiß, was für ihn wichtig ist. Der Therapeut muß die Bedingungen schaffen, unter denen der einzelne die richtigen Entscheidungen für sich selbst treffen kann.

Grundsätze guter zwischenmenschlicher Kommunikation

Rogers hat drei Prinzipien oder Grundsätze dargelegt, die er für notwendig und ausreichend hält, um Persönlichkeits- oder Verhaltensänderungen zu bewirken, nämlich eine bedingungslose positive *Achtung, empathisches Verstehen* sowie *Echtheit* und Kongruenz. Wie wir sehen werden, haben sie auch außerhalb der therapeutischen Situation ihre Gültigkeit. Viele Menschen haben es schon als wesentlichen persönlichen Gewinn bezeichnet, diese drei Prinzipien kennengelernt zu haben, auf die ich jetzt näher eingehen werde.

Bedingungslose positive Achtung (Akzeptanz, Wertschätzung)

Damit ist das Annehmen des anderen gemeint, so wie er ist, ohne damit irgendwelche Bedingungen zu verknüpfen. Der andere wird als Mensch mit all seinen Problemen so akzeptiert, wie er und wie seine Probleme eben sind. Es ist nicht nötig, diesen Menschen oder sein Verhalten zu mögen. Es geht darum, dieses so anzunehmen, wie es ist.

Ein Beispiel: Sie wohnen außerhalb der Stadt und haben kein Auto. Der Nachbar ist bereit, Ihnen sein Auto zu leihen. Wenn Sie das Auto fahren wollen, müssen Sie das Auto so nehmen, wie es ist. Sie brauchen die Farbe nicht zu mögen. Sie finden das Auto vielleicht spießig, zu groß, zu klein, oder Sie hätten lieber einen Wagen mit Automatik. Nichts an dem Auto muß Ihrem Geschmack entsprechen, es muß Ihnen nicht gefallen. Aber wenn Sie das Auto fahren wollen, müssen Sie einfach akzeptieren, daß es so ist, wie es ist. Wollen Sie lieber ein anderes Auto, auch gut, dann fahren Sie aber das vom Nachbarn angebotene eben nicht.

So ist es auch, wenn Therapeut und Klient miteinander arbeiten wollen. Beide müssen sich gegenseitig so annehmen, wie sie sind. Sie können nicht sagen: »Ich könnte ihn akzeptieren, wenn er nur ein bißchen anders wäre«, denn er ist eben nicht anders.

Genaues empathisches Verstehen

Es ist notwendig, daß Therapeut und Klient sich verstehen. Aber Verstehen allein reicht nicht aus. Man muß versuchen, den anderen (ob Therapeut oder Klient) aus seiner Lage heraus zu verstehen, das heißt, man muß versuchen, sich in die Lage des anderen hineinzuversetzen, die Probleme aus der Sicht des anderen zu sehen. Man könnte auch sagen, in seinen Stiefeln spazierengehen, mit seinen Augen sehen. Es geht immer darum zu versuchen, die Welt, die Person und ihre Probleme aus der Perspektive oder dem Blickwinkel des Betreffenden zu sehen, vor dem Hintergrund seiner Lebensgeschichte, seiner Erfahrungen, Ängste, Wünsche, Hoffnungen, Fehler, Stärken und seines Geschmacks.

Weil dieses Konzept nicht so einfach zu verstehen ist,

möchte ich es an einem Beispiel noch deutlicher machen. Was sehen Sie hier?

Meinen Sie, es ist ein Quadrat? Das ist schon richtig, aber nur dann, wenn man diese vier zusammenhängenden Linien von vorn anschaut. Dann bilden sie ein Quadrat.

Betrachten wir aber diese Zeichnung aus einem anderen Blickwinkel, dann sehen wir etwas anderes.

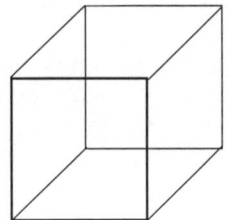

Wir sehen, daß das, was wir von einem anderen Blickwinkel aus betrachten, doch nicht nur ein Viereck ist, sondern ein Würfel. Der Gegenstand, den wir betrachtet haben, hat viel mehr Tiefe und ist »vielseitiger«, als wir dachten. Es steckt mehr dahinter, als wir beim Blick auf die Oberfläche aus unserem begrenzten Blickwinkel gesehen haben.

So sind andere Menschen, ihr Verhalten, ihre Probleme. Wenn man sie unter einem anderen Blickwinkel anschaut und nicht nur aus der Sicht der eigenen oberflächlichen Kenntnisse, dann gewinnt jeder Mensch, jedes Problem, jede Meinung an Komplexität und Tiefe.

Nun nehmen wir an, zwei Personen »A« und »B« betrachten dieses Problem »Würfel«. Von seiner Seite schaut

B auf den Würfel und erklärt A, er habe ein Problem. Er wird mit diesem »Z« nicht fertig. »Es ist so blöd.«

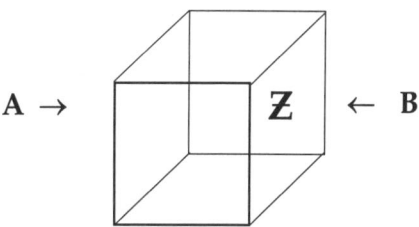

»Ich verstehe nicht, was du für Probleme hast«, sagt A. »Ich sehe kein ›Z‹. Du redest Quatsch, B.«

B sagt zu A: »Hör mal zu. Du siehst doch den Würfel, nicht wahr? Du weißt, der Würfel hat sechs Seiten. Nun stell dir mal vor, du würdest den Würfel von meiner Seite aus anschauen. Versetz dich in meine Lage. Stell dir den Würfel aus meiner Sicht vor. Könntest du dir vorstellen, daß ich auf eine Figur schaue, die auf meiner Seite gezeichnet ist? Stell dir auch vor, daß dieses Zeichen etwa wie ein gespiegeltes ›S‹ aussieht und mit einer Linie durchzogen ist.«

»Aha«, sagt A. »Jetzt verstehe ich. Du hast ein umgekehrtes $-Zeichen auf deiner Seite, das dir Probleme macht.« »Nein«, widerspricht B, »nicht ein umgekehrtes S mit einem senkrechten Strich, sondern etwas kantiger, mit scharfen Winkeln, nicht so rund wie ein S, und der Strich geht waagerecht durch die Mitte.« »Meinst du so ... Z?« »Ja«, sagt B, »jetzt hast du es.« »So«, meint A, »jetzt verstehe ich dein Problem. Aber weißt du was? Ich habe ein ähnliches Problem. Ich werde mit meinem ›Y‹ nicht fertig.«

»Was?« antwortet B erstaunt. »Das verstehe ich nicht. Ich kann Z verstehen, aber ich verstehe Y nicht.«

A zu B: »Schau mal, B. Jetzt versetzt du dich in meine Lage und schaust diesen Problem-Würfel aus meiner Sicht an. Ich blicke auch auf eine Seite, die du nicht sehen kannst.

Aber du kannst dir vorstellen, daß auf meiner Seite ein merkwürdiges, kursives Y gezeichnet ist?«

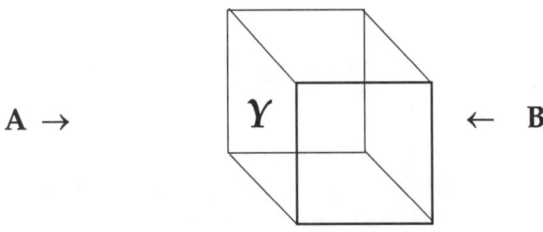

»Meinst du so ... Y?« »Ja, so«, sagt A. »Ich habe auch meine Mühe, damit fertig zu werden.«

So sind beide dazu gekommen, sich nicht nur zu verstehen, sondern darüber hinaus sich empathisch zu verstehen. Sie glauben nicht nur, daß sie sich empathisch verstehen, sondern sie haben sich durch Rückmeldung, Korrektur und Bestätigung einigermaßen vergewissert, daß ihr empathisches Verstehen auch relativ genau war.

Eines sollte man immer bedenken: Man kann sich nicht ganz genau in die Lage eines anderen versetzen. Zwei Leute können nicht zur gleichen Zeit am gleichen Ort stehen, nicht einmal in Gedanken. Man kann nur versuchen, sich der Lage des anderen in der Vorstellung anzunähern, um die Welt von einer Position aus anzuschauen, die so nah wie möglich an der des anderen ist.

Die Fähigkeit zum empathischen Verstehen kann gelernt und geübt werden, aber – ehrlich gesagt – nicht von jedem. Sich in die Lage eines anderen zu versetzen, verlangt ein hohes Abstraktionsvermögen. Es ist eine sehr schwere Aufgabe, die eine große Vorstellungskraft verlangt.

Echtheit und Kongruenz (Aufrichtigkeit, Wahrheit, Übereinstimmung)

Diese Begriffe sind aus dem englischen »genuineness and congruence« übersetzt. Mit »Echtheit« ist hier gemeint, daß eine Person (hier der Therapeut) sich möglichst aufrichtig, ehrlich und offen dem Klienten gegenüber verhalten sollte.

Mit Kongruenz ist gemeint, daß der Therapeut möglichst in Übereinstimmung mit seinen Gefühlen handeln sollte. Seine Gefühle und sein Verhalten sollten kongruent sein. Zwei Dinge sind kongruent, wenn sie deckungsgleich sind: Das eine paßt genau auf das andere. Jemand kommt morgens ins Büro und sagt zu seinem Kollegen lächelnd: »Guten Morgen!«, dreht sich um und denkt: »Fieser Kerl.« Nun, das war nicht gerade kongruent, denn er hat freundlich und kollegial gegrüßt, gleichzeitig aber empfand er Abneigung gegen seinen Kollegen. Verhalten und Gefühle waren nicht übereinstimmend. Offen und ehrlich war dieses Verhalten auch nicht, denn er hat durch vorgetäuschte Freundlichkeit gelogen.

Man spürt, wenn jemand nicht offen und ehrlich mit einem umgeht, wenn er sich also nicht kongruent verhält. Man merkt, wenn jemand falsch ist oder sich heuchlerisch benimmt, das läßt sich meistens nicht verstecken. So jemandem würde man nichts Persönliches anvertrauen.

Auswirkung der Grundsätze in zwischenmenschlichen Beziehungen

Rogers war der Auffassung, daß diese drei Prinzipien notwendig und ausreichend dafür sind, daß eine Persönlichkeits- und Verhaltensänderung stattfinden kann. Wieso?

Wer kein Vertrauen hat, wer glaubt, er werde wegen seiner Probleme ausgelacht oder erniedrigt, gibt keinen Ton von sich. Jeder muß Bedingungen schaffen, damit der Partner sich öffnen kann. Wer Angst hat, kann sich nicht ändern. Deswegen ist das Gefühl, akzeptiert zu werden, so unerläßlich. Erst wenn man spürt, daß das Gegenüber einen so annimmt, wie man ist, ist man bereit, etwas von sich preiszugeben. Wenn der andere sich auch etwas öffnet, dann ist das Verhältnis ausgeglichen, und man ist bereit, mehr von sich zu zeigen und zu geben. Im guten Falle folgt ein Wechselspiel: Beide zeigen immer mehr von sich und ihren »Schwächen«. Aus der tiefer werdenden persönlichen und menschlichen Zweisamkeit wächst immer mehr gegenseitiges Vertrauen.

Man kann jemanden genausowenig zwingen, sich zu öffnen, wie man eine Blumenknospe aufreißen und die Blüte erzwingen kann. Die Blume geht von innen auf, man muß sie entstehen lassen. Man muß nur für sie die Bedingungen schaffen, daß sie sich soweit entwickeln kann, daß sie zur Blüte gelangt. Man kann es nicht von außen erzwingen.

Erlauben Sie mir, noch persönlicher zu werden. Wenn Sie merken, daß jemand sich bemüht, sich in Ihre Lage hineinzuversetzen, um Sie besser verstehen zu können, dann spüren Sie, daß der andere an Ihnen interessiert ist. Anderenfalls würde er die dafür erforderliche Energie und Konzentration nicht aufbringen. Nur wer Interesse hat, wird sich so bemühen.

Wenn Sie in der Anwesenheit eines anderen »gedeihen« sollen, ist es wichtig, daß diese Person mit Ihnen offen und ehrlich ist. Beide sagen, was sie denken, und gehen nicht falsch miteinander um. Sie können darauf vertrauen, daß die Äußerungen des anderen ehrlich sind. Sie sind nicht unbedingt wahr, aber sie spiegeln eine ehrliche Meinung wider.

Wenn Sie überlegen, wer in Ihrem Leben ein guter Freund war, dann waren es bestimmt Menschen, bei denen Sie sich gut aufgehoben fühlten, die Sie akzeptierten, bei denen Sie Ihre Meinung sagen konnten, ohne daß einer dem anderen böse war, und die sich bemüht haben, Sie so zu verstehen, wie Sie sind. Wenn solche Freundschaften aus irgendeinem Grund auseinander gehen, tut das weh, denn sie sind wahrhaftig selten.

Die drei Prinzipien sind also nicht nur für die Beziehung zwischen Therapeut und Klient wichtig, sondern auch für das Verhältnis zwischen Lehrer und Schüler, Arzt und Patient, Eheleuten und sonstigen Partnern sowie Eltern und Kind, ja eigentlich für alle zwischenmenschlichen Beziehungen. Sie sind vielleicht die Grundprinzipien aller guten zwischenmenschlichen Kommunikationen. Man könnte sogar sagen, daß diese drei Prinzipien die Umsetzung dessen sind, was die meisten Menschen meinen, wenn sie von Liebe sprechen: Akzeptiert zu werden, wie man ist, offen und ehrlich miteinander umgehen und sich bemühen, den anderen aus dessen Sicht zu verstehen. Der Überwindung der Trennung zwischen den einzelnen kommt man damit näher – im Sinne Erich Fromms.

Integration der Therapien

Jahrzehntelang betrachteten die Anhänger jeder einzelnen Therapierichtung ihre Therapie mehr oder weniger als *die* Therapie schlechthin. Ähnlich wie bei den Religionen stuft jeder seine Glaubensform als die allein richtige ein. Selbstverständlich, würde ein Gläubiger sagen, hat jeder das Recht, etwas anderes zu glauben. Aber er irrt sich, weil er die »richtige« Botschaft noch nicht verstanden hat.

Auch in den letzten Jahrzehnten vertraten nicht wenige Therapeuten die Auffassung, daß eine Mischung von Therapien unseriös und unwissenschaftlich sei. Die deutsche Gebührenordnung für Ärzte spiegelt, neben den berufspolitischen Machtverhältnissen, auch diese Einstellung wider. Eine eklektische Therapie, das ist eine Therapie, die aus verschiedenen Theorien und Methoden zusammengestellt wird, wurde für schlecht, laienhaft und inkonsequent gehalten. Inzwischen stellte sich heraus, daß die *meisten* Therapeuten bis zu einem gewissen Grad Eklektiker sind. Diese Entwicklung geschieht nicht aus Mangel an eigener Kreativität, sondern weil die Therapeuten erkennen, daß keine Therapieform die Lösung für alle Probleme darstellt. Jede Therapierichtung hat ihre Stärken. Alle Therapien und alle entwickelten Methoden zusammen geben dem Therapeuten eine größere Vielfalt an Möglichkeiten, aus der er schöpfen kann, um die individuellen Probleme des Klienten zu bearbeiten.

Zur Zeit werden die Anstrengungen größer, die verschiedenen Psychotherapien zusammenzubringen. Integration ist zum Schlagwort geworden. Viele Therapeuten versuchen eine vermeintliche Integration, indem sie zwei oder mehr theoretische Konzepte oder Methoden miteinander verbinden. Diese neue Therapie bekommt dann meistens einen Doppelnamen. Das ist zwar gut und nett, aber noch keine wirkliche Integration. Eine von allen Seiten akzeptierte übergreifende Theorie gibt es noch nicht. Aber sie ist stark im Kommen.

Ein integrierender Aspekt ist die humanistische Haltung des Therapeuten, die Grundregeln zwischenmenschlicher Kommunikation, auch Therapeuten-Variablen genannt (vgl. S. 110ff.). Diese Haltung ist allen wirksamen Therapieformen gemein, unabhängig von der Methode und der angewandten Technik.

Es wirkt weiterhin integrierend, den Menschen oder irgendeinen Organismus, den man therapieren möchte, als System zu betrachten, als ein Ganzes zu sehen, das wiederum in ein größeres System eingebettet ist: die soziale und die physikalische Umwelt.

Menschen verhalten sich. Mit Ausnahme vielleicht von reflexartigen und automatisierten Reaktionen können sie nichts wahrnehmen und sich nicht verhalten ohne Kognition. Irgendwo im Gehirn ist immer eine Abbildung dessen, was wir wahrnehmen, wie wir zu unserer Umwelt stehen, was wir empfinden, was wir tun. Jede *Kognition* ist als *Verhalten* anzusehen. Jedes Verhalten hat ein *neurologisches Korrelat*. Diese Kognitionen müssen nicht bewußt sein. Trotzdem ist fast alles, was wir machen, mit Kognition verbunden.

Unsere Gedanken, Erinnerungen und sonstigen Kognitionen müssen nicht logisch sein. Sie können auch die irrsinnigsten, widersprüchlichsten, unrealistischsten und surrealistischsten Vorstellungen beinhalten. Sie folgen aber immer einer Psycho-Logik, wie Träume auch, und sind deswegen kognitiv, psychoanalytisch und -dynamisch, subjektiv und konditionierbar zugleich.

Kognitionen können symbolisch sein, das heißt stellvertretend für andere, vielleicht weniger akzeptable, vielleicht unbewußte Gedanken oder Wünsche. Wir könnten die Psychoanalyse auch als eine ältere und teilweise noch gültige Art kognitiver Therapie sehen.

Kognitionen, ob bewußt oder unbewußt, haben Konsequenzen. Auch komplexe Gedankengänge haben Konsequenzen. Diese können logisch oder unlogisch sein. Das kognitive Verhalten und die anschließenden Konsequenzen wie auch beobachtbares Verhalten folgen gleichermaßen den Gesetzen der Verhaltenstheorie. Kognitionen wie allgemeines Verhalten werden verstärkt, bestraft und gelöscht.

Es ist nicht möglich, eine gute oder tiefgreifende Psychotherapie durchzuführen, ohne daß man den Klienten oder Patienten in seiner Gesamtheit betrachtet. Dazu gehört die Beziehung zum Therapeuten selbst, der wiederum in seiner Gesamtheit gesehen werden muß. Beide Personen haben ihre sozio-kulturelle Umwelt, Physiologie und Geschichte. Beide denken, fühlen und verhalten sich, bezogen aufeinander und auf verinnerlichte Erwartungen.

Von seiten der Wissenschaften wird das Menschliche seziert, um einzelne Teilaspekte zu untersuchen. Spezialisten für jeden Teil treiben diese immer weiter auseinander und »bringen das Menschliche damit um« – um Lucia Heredia zu zitieren. Alles paßt doch zusammen in einem sehr vielfältigen und verwinkelten Gebäude des Menschlichen. Alle Therapien, alle Gedanken ergänzen einander. Nur zusammengewachsene theoretische und praktische Kräfte können uns wirklich weiterhelfen.

Anwendungsbeispiel:
Zur Psychotherapie des Rauchens –
_____ Smoking in Phantasy _____

Nikotin hat eine heimtückische Wirkung:
Objektiv: Der Puls wird schneller. Die Skelett-Muskulatur wird entspannt.

Subjektiv: Nikotin hat die paradoxe Fähigkeit, mental aufzumuntern und gleichzeitig zu entspannen.

Deswegen ist Rauchen objektiv und subjektiv belohnend und daher ein sich selbst verstärkendes Verhalten.

Realistische Alternativen müssen erst einmal gefunden werden, bevor man den Raucher ermahnt, sich von seinen Zigaretten zu trennen.

Im folgenden wird eine Entwöhnungstechnik beschrieben, die als Therapie für sich oder als Unterstützung im Rahmen eines komplexen Raucherentwöhnungsprogramms angewandt werden kann. Sie ist schon Anfang der 70er Jahre von mir entwickelt und erfolgreich eingesetzt worden, wenn auch bisher noch nicht in einer größer angelegten Studie.

Das Ziel der Therapie »Smophing« (Smoking in Phantasy) ist, daß der Raucher lernt, die Kontrolle über sein Verhalten selbst übernehmen zu können, statt vom Drang zum Rauchen beherrscht zu werden. Die Entscheidung zwischen »Rauchen und Nichtrauchen« wird durch die betreffende Person, nicht durch äußere Bedingungen herbeigeführt.

Bisherige Raucherentwöhnungstherapien versuchen, offen sichtbares (overt) Alternativverhalten aufzubauen. Hier geht es schwerpunktmäßig um unsichtbares, verdecktes (covert) Verhalten, das heißt um imaginierte Handlungen. Diese Methode soll durch eine Desensibilisierung des

Raucherverhaltens bei gleichzeitiger Verstärkung alternativer Verhaltensweisen und Kognitionen wirken. Durch die Entstehung realistischer Alternativen zum Rauchen, die die anregende sowie gleichzeitige paradoxe Entspannungswirkung des Zigarettenrauchens nachahmen, soll die Entwicklung von unerwünschten Ersatzhandlungen verhindert werden.

Der Klient wird aufgefordert, eine Zigarette wie bisher zu rauchen. Danach soll er nochmals eine Zigarette nehmen und sich so verhalten wie bisher beim Rauchen, aber ohne sie wirklich anzuzünden. Er soll weiter »rauchen«, aber nur imaginiert, in seiner Phantasie, mit seiner Vorstellungskraft. Der Klient soll beim Rauchen in seiner Phantasie auch tief inhalieren, dann ausatmen (exhalieren) und sich dabei die Rauchfahne vorstellen. Der normale Rauchvorgang soll genau eingehalten werden, ohne jedoch die Zigarette anzuzünden.

Mit Übung lernt der »Smopher« das Rauchen in der Phantasie auch ohne Zigarette. Er stellt sich die Zigarette nur noch vor. Dieses ermöglicht es dem »Smopher« überall und zu jeder Zeit spontan zu smophen, ohne daß andere es merken.

Die erwarteten Wirkungen sind folgende:

a. Durch die kognitive Vorstellung des Rauchens wird das Rauchbedürfnis weitgehend befriedigt.

b. Durch das tiefe Inhalieren wird der Körper mit Sauerstoff angereichert, was eine stimulierende Wirkung hat.

c. Durch das Inhalieren und Exhalieren (Ein- und Ausatmen) wird der »Smopher« entspannt.

d. Durch die Entspannung (c.) wird das kognitive Bild (a.) in seiner assoziativen Wirkung abgeschwächt, das heißt, eine Entwöhnung (Extinktion, Löschung) findet bei gleichzeitiger Befriedigung (a.) statt.

e. Durch die gleichzeitige Entspannung (c., d.) und Stimulation durch die leichte Hyperventilation (b.) wird die paradoxe Wirkung des Zigarettenrauches hergestellt, nämlich gleichzeitig geistig anregend und körperlich entspannend zu sein. Die Wirkung der Zigarette ohne künstliche Mittel annähernd erzeugen zu können, ist hier meines Wissens neu.

f. Die erlernte Fähigkeit, »smophen« zu können, wann, wo und wie man möchte, ohne daß andere es bemerken, führt zu einem starken Gefühl der Selbst-Kontrolle und Befriedigung.

g. Der Einsatz des Smophings in jeglicher Situation, in der der ehemaligen Raucher Lust auf eine Zigarette bekommen hat, ermöglicht die Abschwächung der Lust in den unterschiedlichsten Situationen.

h. Subjektiv genießt man das Rauchen, objektiv wird es gelöscht. Das Löschen wird durch das anregende Gefühl und durch das Gefühl der souveränen Kontrolle über sich selbst belohnt beziehungsweise verstärkt. Bestrafung, die schlechteste Erziehungsmethode, findet nicht statt.

i. Alle Sinnesorgane können »befriedigt« werden, aber »covert«.

Durch zu heftiges Einatmen von frischer Luft könnte eine Hyperventilation stattfinden. Diese dürfte keine echte Gefahr sein, weil die Sauerstoffzufuhr völlig unter der Kontrolle des darüber aufgeklärten Klienten bleibt, der seinerseits aufhört, tief einzuatmen, sobald ihm schwindelig werden sollte. Symptome könnten möglicherweise durch den Entzug von Nikotin entstehen. Die Symptome müßten aber nach 24 Stunden ihren Höhepunkt überschritten haben, auch wenn sie noch lange danach anhalten können.

Bis jetzt sind keine weiteren Nebenwirkungen oder irgendwelche Tendenzen zu unerwünschten Ersatzhandlungen bekannt. Nach der Diagnostik und Therapie sollten die Neu-Smopher dennoch begleitet werden. Dadurch sollten mögliche Nebenwirkungen des Smophings und eventuelle unerwünschte Ersatzhandlungen, die zwar nicht zu erwarten, aber theoretisch im Einzelfall immer möglich sind, festgestellt und eingedämmt werden.

Vorläufige Ergebnisse zeigen, daß diese Methode für viele Raucher eine nützliche und wichtige Unterstützung sein kann in ihren Bemühungen, sich von der Zigarette zu befreien.

TRANSPARENT

Je Band ca. 130 Seiten, kartoniert

Band 1: Reinhard Deichgräber
Trost der Nacht
Gedanken zu Schlaf und Schlaf-
losigkeit. 1993.
ISBN 3-525-01801-0
Originalausgabe

Band 2: Harry Stroeken
**Kleine Psychologie
des Gesprächs**
Ein praktischer Ratgeber. Aus
dem Niederländischen von Dieter
Maenner. 1993.
ISBN 3-525-01702-2
Deutsche Erstausgabe

Band 3: Kurt Lückel
**Geschichten erzählen
vom Leben**
Hinterfragte Lebensmuster. 1993.
ISBN 3-525-01800-2
Originalausgabe

Band 4: Wulf-Volker Lindner
**Predigten eines
Psychoanalytikers**
1993. ISBN 3-525-01701-4
Originalausgabe

Band 5: Karl König
**Wem kann
Psychotherapie helfen?**
1993. ISBN 3-525-01700-6
Originalausgabe

Band 6: Michael Nüchtern
Was heilen kann
Therapeutische Einsichten aus
biblischen Geschichten. 1994.
ISBN 3-525-01800-2
Originalausgabe

Band 8: Karl König
**Reisen eines
Psychoanalytikers**
1994. ISBN 3-525-01704-9
Originalausgabe

Band 9:
Elke Natorp-Husmann
**Briefe einer
Psychoanalytikerin**
1994. ISBN 3-525-01705-7
Originalausgabe

Band 10: Konrad Jutzler
Aussicht auf Leben
Christliche Psalmen. 1994.
ISBN 3-525-01803-7
Originalausgabe

Weitere Titel in Vorbereitung.

Vandenhoeck & Ruprecht
Göttingen und Zürich

Karl König
**Kleine
psychoanalytische
Charakterkunde**
2., durchgesehene Auflage
1993. Sammlung Vandenhoeck.
144 Seiten, Paperback.
ISBN 3-525-01417-1

Karl König
**Angst und
Persönlichkeit**
Das Konzept vom steuernden
Objekt und seine Anwendun-
gen. 4., durchgesehene Auflage
1993. 218 Seiten, kartoniert.
ISBN 3-525-45656-5

Friedrich Beese
**Was ist
Psychotherapie?**
Ein Leitfaden für Laien zur Information über ambulante und
stationäre Psychotherapie.
5., neubearbeitete Auflage
1991. 87 Seiten, kartoniert.
ISBN 3-525-45706-5

Alexander Schuller /
Jutta Anna Kleber (Hg.)
Verschlemmte Welt
Essen und Trinken historisch-
anthropologisch. 1994. Samm-
lung Vandenhoeck. Ca. 300 Sei-
ten, Paperback.
ISBN 3-525-01424-4

Alexander Schuller /
Jutta Anna Kleber (Hg.)
Gier
Zur Anthropologie der Sucht.
1993. Sammlung Vandenhoeck.
283 Seiten, Paperback
ISBN 3-525-01422-8

Klaus Walter Bilitza (Hg.)
**Suchttherapie und
Sozialtherapie**
Psychoanalytisches Grundwis-
sen für die Praxis. Mit einem
Vorwort von Annelise Heigl-
Evers. 1993. 326 Seiten, gebun-
den. ISBN 3-525-45759-6

V&R
Vandenhoeck & Ruprecht
Göttingen und Zürich